Cani

Realizzazione editoriale a cura di EDIMEDIA SAS, via Orcagna 66, Firenze

Testi parzialmente tratti da *Cani le razze*, di Eraldo e Serena Tonelli, Demetra 1999,
e da *Cura e addestramento del cane*, a cura di Margherita Neri, Demetra 1999.

Disegni: Archivio Giunti/© Moreno Chiacchiera.

REFERENZE FOTOGRAFICHE: tutte le immagini appartengono all'Archivio Giunti, ad eccezione delle seguenti:
Contrasto: © Helen K. Garber/Age Fotostock p. 25; © R.O.-Photosure.com/Age Fotostock p. 141; © Saxpix/Age Fotostock p. 157.
Corbis: © Charlie Munsey p. 8; © Simon Plant/zefa p. 11; © Newmann/zefa p. 21; © M. Deutsch/zefa p. 29; © Jim Craigmyle pp. 30-31, 49, 75, 127, 249, 363; © Larry Williams pp. 39, 69, 187; © Karen Zukowski/zefa p. 43; © The Gallery Collection p. 47; © DiMaggio/Kalish pp. 50-51; © Adrian Burke p. 53; © Layne Kennedy p. 57; © Dale C. Spartas pp. 59, 183, 233, 333, 354-355; © LWA-Dann Tardit pp. 63, 80-81, 205, 216-217, 221; © Rob Howard p. 67; © M. Rutz/zefa p. 73; © Martin Meyer/zefa p. 79; © LWA- JDC p. 85; © Don Mason p. 93; © DLILLC pp. 99, 120-121, 163, 167, 381; © Tim Davis pp. 107, 135; © Dale C. Spartas p. 129; © A. Green/zefa p. 147; © Carol Guenzi Agents/Index Stock p. 153; © Emma Rian/zefa p. 159; © Dennis Degnan p. 168-169; © Randy Faris p. 179; © Peter M. Fisher p. 184-185; © Tony Arruza p. 199; © Jose Luis Pelaez, Inc. p. 215; © M. Deutsch/zefa p. 218; © Tobi Seftel p. 241; © Robert Dowling pp. 247, 251, 259, 265, 271, 281, 285, 325, 329, 335; © Alan Towse; Ecoscene p. 253; © DK Limited pp. 267, 289; © Yann Arthus-Bertrand p. 295, 301, 313; © Flynn Larsen/zefa p. 331; © LWA-Stephen Welstead p. 338; © Alan & Sandy Carey/zefa p. 341; © Martin Harvey p. 343; © Sonja Pacho/zefa p. 357; © Kevin R. Morris p. 361; © Christie's Images p. 367; © Ronnie Kaufman p. 369; © Brad Simmons/Beateworks pp. 372-373; © Preston Lyon/Index Stock p. 377.
Getty Images: © Harold M. Lambert/Hulton Archive p. 103; © Roger Wright/Stone p. 113; © Petography/Photonica p. 115; © Barbara Peacock/Photographer's Choice p. 123; © Jo Sax/Stone p. 133; © GK Hart/Vikki Hart/Stone p. 145, 193; © Gone Wild/Photonica p. 171.
Grazia Neri: © Mark Raycroft/Minden Pictures pp. 197, 261, 263.
Marka: © Morales p. 229; © Roberto Della Vite pp. 287, 297, 303, 327.
Panda Photo: © Bios-Klein-Hubert pp. 139, 225, 243, 269, 279, 309, 311; © H. Ausloos pp. 231, 237, 255, 257, 275, 307; © G. Lacz pp. 235, 273, 277, 283, 293, 305, 317, 319, 321, 323, 337; © H. Ausloos pp. 239, 291; © A. Calegari p. 245; © M. Harvey p. 299; © G. Marcoaldi p. 315.

L'editore si dichiara disponibile a regolare eventuali spettanze
per quelle immagini di cui non sia stato possibile reperire la fonte.

www.giunti.it

Via Bolognese 165 - 50139 Firenze - Italia
Via Dante 4 - 20121 Milano - Italia
Prima edizione: ottobre 2007

Ristampa	Anno
6 5 4 3 2 1 0	2011 2010 2009 2008 2007

Stampato presso Giunti Industrie Grafiche S.p.A. - Stabilimento di Prato

Cani

GIUNTI DEMETRA

Sommario

Conosci il tuo cane

Cani di razza

FAQ sui cani

Conosci il tuo cane

Le origini

Il primo canide fece la sua comparsa nel continente nordamericano: era l'*Hesperocyon* o cane occidentale. Da lui, dopo varie fasi evolutive, ebbero origine prima il *Mesocyon* – mammifero dal muso schiacciato, coda lunga, cinque dita e plantigrado come l'orso – e poi il *Cynodesmus* e il *Tomarctus*, tutte forme intermedie verso il cane "moderno". Il *Tomarctus*, in particolare, è considerato il vero progenitore di tutti i canidi (cani, sciacalli, volpi, lupi ecc.). Dobbiamo attendere ancora del tempo per giungere al *Canis etruscus* (rinvenibile 2-3 milioni di anni fa anche in Europa) da cui, circa 750.000 anni or sono, ebbe origine il lupo.

Secondo alcuni studiosi il cane domestico ha avuto come predecessore il *Canis familiaris* o cane domestico preistorico; secondo altri fu il "cane da pastore" che, attraverso selezioni volute o incroci casuali, diede origine alle attuali razze. Altre teorie vedono nello sciacallo il vero progenitore del cane domestico, oppure ne fanno risalire le origini a forme di cani selvatici ormai estinte. L'ipotesi più cre-

dibile è che gli antenati del "nostro" cane siano da ricercare nelle prime forme evolutive di specie differenti (sciacallo asiatico, sciacallo africano e lupo abissino); ciò spiegherebbe la diffusione pressoché mondiale di questo mammifero e tutte quelle affinità comportamentali e fisiche che esistono tra cani domestici e canidi selvatici.

Il reperto più antico che dimostra inequivocabilmente l'amicizia esistente tra uomo e cane risale a circa 10.000 anni a.C.: a quella data risale la sepoltura, rinvenuta in Israele, di un bimbo con un giovane cane tra le braccia.

All'inizio, probabilmente, l'approccio tra cane e uomo fu motivato semplicemente dal desiderio di reciproca compagnia e di contatto fisico. Forse i cani preistorici seguivano le tracce dell'uomo per approfittare dei resti della sua mensa, e cominciarono a benvolerlo, associandolo inevitabilmente a qualcosa di positivo e vantaggioso. L'uomo a sua volta si rese ben presto conto di aver trovato un efficiente guardiano del bivacco, visto che il cane per sua natura è portato a segnalare l'avvicinarsi di nemici e predatori.

In Europa il primo cane domestico fa la sua comparsa tra le palafitte e sembra che – come del resto gli uomini suoi conviventi – avesse origini orientali. Dall'esame dei resti ritrovati, il tipo morfologico più diffuso era molto simile all'attuale volpino e ciò spiegherebbe come, ancora oggi, mol-

te tra le razze più antiche (volpino italiano, di Pomerania, giapponese, finnico ecc.), ma soprattutto molti bastardini, abbiano quest'impronta comune.
La specie canina ha infatti la particolarità di presentare il più marcato polimorfismo senza possedere sottospecie: nessun'altra specie animale presenta al suo interno una tale varietà di taglie, pesi, forme, colori e tessiture del pelo, strutture e forme ossee e del cranio (si contano circa 400 razze, che vanno dal sanbernardo al chihuahua). Queste caratteristiche così diverse sono da imputare sia al caso, sia alla selezione naturale (che avvantaggia i soggetti più adattabili al territorio e alle sue condizioni climatiche), sia all'opera dell'uomo (che selezionò gli animali con le attitudini più adatte al suo stile di vita).
Nei graffiti preistorici si osservano facilmente scene di caccia dove mute di cani rincorrono le prede assieme a uomini armati di lance. Col progredire della civiltà il cane, da compagno di giochi, ausiliario nella caccia e guardiano del rifugio, divenne anche pastore incorruttibile e compagno di guerra. Assiri e Sumeri hanno descritto e rappresentato scene di caccia e di guerra dove grossi e ferocissimi molossi combattono a fianco degli uomini. Illustri autori greci hanno narrato le imprese di eroici cani che combattevano in guerra e difendevano le città dai nemici più feroci. E chi non

conosce la storia omerica del profondo legame di lealtà e fedeltà del cane Argo per Ulisse? Lo stesso Virgilio amava particolarmente i cani e ne parla spesso nelle sue opere. È lui a farci sapere che ai suoi tempi era abitudine tagliare coda e orecchie ai cani da pastore, così che non offrissero possibili appigli alle bestie feroci che dovevano affrontare per difendere le greggi. Già da allora venivano allevati cani da guerra, e da tempo immemorabile in Oriente erano diffuse le lotte tra cani: nell'antica Roma il *Canis pugnax* godeva della stessa considerazione in cui erano tenuti i gladiatori e con essi combatteva nell'arena.
Era logico che l'uomo tentasse di assicurarsi i soggetti che rispondevano al meglio alle sue esigenze e così, se un cane possedeva doti particolarmente spiccate, si sperava di ritrovarle nei figli selezionando la progenie. In qualche modo stavano nascendo le razze che oggi conosciamo.
Nel VII secolo i cani ritenuti più preziosi erano quelli da caccia, protetti da severe leggi in loro favore. I cani da muta prediletti erano i levrieri, ma cominciarono ad avere successo anche i segugi, che arrivarono dall'Oriente al seguito dei Crociati. Per la caccia di grossi animali (cinghiali, cervi...) venivano invece preferiti i molossi, che attraverso incroci si cercò di rendere più agili e veloci dando origine all'attuale alano. Con il fiorire della falconeria nacque la necessi-

tà di un cane particolarmente adatto alla "cerca", e così cominciò la selezione dello spaniel. Per la caccia con le reti serviva invece un cane che si limitasse a segnalare la presenza delle prede senza spingerle alla fuga, ed ecco che iniziò la selezione del cane da "ferma".
Nel corso dei secoli l'uomo ha quindi cercato di "specializzare" il cane adattandolo a funzioni diverse e generando i rigidi canoni delle attuali razze. Più spesso però quest'opera è stata conclusa brillantemente dalla natura stessa e allora può capitare che nello stesso soggetto si fondano varie qualità: è il caso del cane "bastardo", frutto di incroci per lo più dovuti al caso. Nei cani non di razza la selezione avviene spontaneamente, fissando al massimo grado di qualità sia le doti fisiche sia quelle intellettive... Facilmente accade che un bastardino dimostri un'intelligenza più acuta e vivace di un esemplare di razza e che sia inoltre generalmente più longevo: è il soggetto più forte, sano e adattabile che riesce a riprodursi, tramandando queste doti alla sua progenie.

La religione di un uomo non vale molto se non ne traggono beneficio anche il suo cane e il suo gatto.

Abraham Lincoln

carhartt

La morfologia del cane

Senza addentrarci in terminologie complesse e poco comprensibili, cerchiamo di illustrare la morfologia esterna del cane e la fisiologia interna. Essendo molte ed eterogenee le razze che compongono l'universo canino, faremo riferimento a un cane di media taglia. Ricordiamo che per i cani di razza pura sono stati definiti dei parametri rigorosi di giudizio definiti "standard" che considerano l'altezza dell'animale misurata al garrese (zona che si trova tra il collo e il dorso), l'angolatura degli arti, il movimento, la conformazione della testa, del tronco, della coda e del mantello. Anche se il nostro cucciolotto è di incerta origine sarà comunque utile conoscere per sommi capi le varie parti del suo corpo.

MORFOLOGIA ESTERNA

Per essere proporzionato il corpo di un cane dovrebbe rispondere ad una serie di caratteristiche generali: poter essere iscritto in un rettangolo (bassotti e simili) o in un quadrato (cani da pastore e da difesa, cani da caccia); gli ap-

glia (quando il bordo masticatorio e mascellare coincidono), la chiusura enognata (la mandibola sporge in fuori) e, infine, la chiusura prognata (la mandibola è troppo rientrante). In alcune razze (come per esempio il boxer e il carlino) tuttavia, quest'ultimo tipo di chiusura non viene considerato un difetto ma carattere peculiare della razza.

- *Scheletro degli arti* Lo scheletro degli arti si suddivide in scapola, ossa del braccio (l'omero è leggermente incurvato a S), ossa dell'avambraccio (radio, ulna, ossa del carpo, ossa del metacarpo). Le dita sono cinque, formate da prima, seconda, terza falange; il primo dito è ridottissimo e formato da due sole falangi. La cintura pelvica comprende ileo, ischio, pube. La zampa posteriore è formata dalle ossa della gamba (femore e osso della coscia, rotula, tibia, fibula, gruppo del tarso e del metatarso) e da quelle delle dita.

Apparato muscolare I gruppi muscolari principali sono nove: muscoli del dorso, del capo, del collo, del torace, dell'addome, della porzione pelvica, del tronco, ventrali, della coda, degli arti toracici, degli arti pelvici. I muscoli si attaccano alle ossa tramite i tendini, di colore bianco. I muscoli volontari (per esempio quelli deputati al movimento o alla masticazione) sono muscoli striati; i muscoli involontari (per esempio deputati alla digestione, respirazione ecc.) sono muscoli lisci. Si chiamano pellicciai muscoli particolari che permettono il movimento volontario della pelle in alcune zone del corpo (muso, dorso…) e sono responsabili tra l'altro della mimica del muso.

Apparato respiratorio L'ossigeno arriva ai polmoni grazie ai dotti nasali e passa attraverso la laringe e la trachea, formate da anelli cartilaginei. La trachea si biforca nei bronchi che a loro volta si dividono in vari bronchioli che terminano negli alveoli polmonari. I polmoni hanno un colore roseo e un aspetto spugnoso a causa della presenza degli alveoli riccamente vascolarizzati: sono vere e proprie unità in cui avviene lo scambio tra l'ossigeno introdotto con la respirazione e l'anidride carbonica prodotta dall'organismo. Il polmone destro è più voluminoso del sinistro, ed entrambi sono avvolti da due "sacchi" detti pleure e sono separati dall'addome mediante il diaframma.

Apparato digerente Questo apparato elabora le sostanze alimentari, affinché con la digestione siano utilizzate dalle cellule. Ha inizio con la bocca, cioè la cavità orale comunicante con l'esterno, prosegue con la faringe (collegata alla bocca con l'istmo delle fauci), assume con l'esofago la forma di un lungo tubo che percorre il collo, quindi si unisce allo stomaco, la cui capacità varia a seconda della taglia dell'animale. Lo stomaco del cane è tenuto in posizione da legamenti molto lassi. Quando il cane ha lo stomaco pieno è pericoloso farlo giocare o saltare perché può accadere che lo stomaco si rovesci su se stesso (si abbia cioè una "torsione dello stomaco"). Il fatto mette in pericolo la vita dell'animale il quale deve essere soccorso immediatamente e sottoposto a operazione chirurgica in breve tempo. Lo stomaco è collegato mediante il piloro all'intestino, in cui vengono assorbite le sostanze nutritive e che si divide in: tenue, cui sono collegati fegato e pancreas, crasso e retto che termina con lo sfintere anale. Gli organi deputati alla digestione sono avvolti dalla membrana del peritoneo.

Apparato urinario A quest'apparato viene affidato il compito di eliminare materiali solubili di rifiuto e di ricambio idrico. È formato dai reni, avvolti dalla capsula renale, che hanno superficie liscia e forma di fagiolo. L'unità funzionale è il nefrone formato da glomerulo, tubulo contorto prossimale, ansa di Henle, tubo contorto distale e tubulo collettore. Il glomerulo funziona da filtro del sangue. Gli ureteri collegano i reni alla vescica, serbatoio muscolo-membranoso che a sua volta, mediante una valvola, si collega all'uretra, cioè il condotto che porta l'urina dalla vescica all'esterno.

Apparato genitale Rappresenta l'insieme degli organi fisiologici preposti alla riproduzione e si distingue in:

- *Apparato genitale maschile* È composto da due testicoli di forma ovale, contenuti in una sacca della parete addominale, detta scroto. Ciascun testicolo è formato da un complesso di condotti raggomitolati (rete del testicolo), dal condotto deferente e dalla ghiandola vescicolare annessa. L'apparato comprende ovviamente un organo copulatore (pene o verga), percorso dal condotto urogenitale, che riceve lo sbocco dell'uretra peniena, cui è annessa la prostata che fornisce il liquido che assicura vitalità agli spermatozoi una volta penetrati nelle vie femminili e che, assieme a questi, forma lo sperma. Il pene riceve inoltre lo sbocco dei condotti eiaculatori. Il pene è composto da un corpo e dal glande che è un tratto terminale protetto da un prepuzio. Il glande viene estroflesso soltanto durante l'erezione e presenta alla base il bulbo del glande che durante il coito diventa turgido.

Per la presenza dell'osso del pene, il cane durante il coito può introdurre il pene nella vagina prima che il glande entri in erezione, ad erezione avvenuta non può estrarlo se non dopo un certo tempo dall'eiaculazione, a causa del turgore del bulbo: è per questo che i cani dopo l'accoppiamento assumono quella curiosa postura "schiena contro schiena". È importante non separare mai la coppia in questo momento particolare: rischiereste di provocare gravissimi traumi agli organi genitali esterni sia del maschio sia della femmina.

- *Apparato genitale femminile* È composto da due ovaie che producono gli ovuli, da due trombe uterine che raccolgono gli ovuli liberatisi dalle ovaie e favoriscono l'incontro con gli elementi germinali maschili, e dall'utero che è destinato a contenere il prodotto del concepimento e fornirgli nutrimento. La vagina, organo destinato alla copula, è relativamente lunga: in essa si apre il meato urinario dove termina l'uretra proveniente dalla vescica urinaria. Gli organi genitali esterni comprendono la vulva e le labbra che servono a proteggerla. Nel vestibolo vaginale si trova il clitoride formato da un corpo e da un cappuccio apicale.

Sistema nervoso Ha il compito di raccogliere le stimolazioni dell'ambiente esterno e dell'organismo; emana gli impulsi che determinano la contrazione dei muscoli volontari ed è regolatore dell'attività dei muscoli lisci. Il sistema cerebro-spinale può essere diviso in centrale (comprendente encefalo e midollo spinale), coordinatore dell'attività degli organi della vita di relazione, e periferico o involontario (comprendente i nervi e le loro diramazioni e i recettori sensoriali).

Gli organi di senso Captano e trasmettono gli stimoli dell'ambiente esterno al cervello che, dopo averli elaborati, attiva una risposta. Gli organi del tatto recepiscono la pressione, il dolore, le variazioni di temperatura; quelli dell'olfatto sono i più raffinati e sensibili, grazie anche alla mucosa olfattoria e alle ghiandole olfattive che permettono di recepire un vasto repertorio di odori. All'olfatto è strettamente collegato il senso del gusto che nei cani non è particolarmente sviluppato. Essi posseggono un numero inferiore di papille gustative rispetto all'uomo e percepiscono quindi un'inferiore numero di variabili (soltanto piacevole, sgradevole, indifferente). La vista non è molto sviluppata, ma l'angolo visuale è tuttavia assai vasto (addirittura di 180° in alcune razze da pastore). L'udito è nei cani assai raffinato e raccoglie frequenze molto più alte di quelle percepite dall'uomo (pensate, per esempio ai fischietti usati per il richiamo dei cani che emettono ultrasuoni che l'orecchio umano non riesce a sentire).

> *Tutti gli animali domestici sono veri e propri schiavi, solo il cane è un amico.*
>
> Konrad Lorenz

L'alimentazione

Una dieta equilibrata è essenziale per la salute del nostro amico a quattro zampe: alimentare un cane in modo razionale permette che esso possa crescere, svilupparsi, riprodursi e vivere sano il più a lungo possibile. È fondamentale tener presente che nelle varie fasi della sua vita il cane ha bisogno di un diverso apporto alimentare, sia per quanto riguarda le calorie sia per la quantità del nutrimento.

ELEMENTI DELLA DIETA

Con il cibo si forniscono all'animale sei categorie di nutrienti: acqua, zuccheri, proteine, grassi, vitamine e minerali.

L'acqua è il singolo componente alimentare più importante per la sopravvivenza. Il suo consumo quotidiano deve compensare le continue perdite di liquidi che avvengono con l'eliminazione di urine e feci e attraverso il vapore acqueo durante la respirazione. L'animale ricava la quantità d'acqua che gli è necessaria dagli alimenti, dall'acqua come bevanda e dall'acqua metabolica (cioè prodotta dall'or-

ganismo stesso in seguito ai processi di ossidazione delle sostanze nutritive). Il consumo di acqua di un singolo soggetto varia a seconda del tipo di dieta (gli alimenti secchi contengono il 7% di umidità, quelli in scatola fino all'80%), della temperatura ambientale, dell'intensità dell'attività fisica, dello stato fisiologico e sanitario del cane.
Gli animali sono in grado di variare la quantità di acqua che bevono per correggere il proprio bilancio idrico. In tutti i carnivori, per esempio, l'abbassamento della temperatura corporea non avviene con la sudorazione, bensì aumentando la frequenza respiratoria in modo da raffreddare l'intero organismo.
Gli zuccheri costituiscono un'ottima fonte energetica, perciò dovrebbero essere presenti nella dieta in quantità sufficiente; in questo modo si fa sì che le proteine non vengano utilizzate a scopo energetico: queste devono essere piuttosto sfruttate per fenomeni di riparazione e di crescita dei tessuti.
I grassi rappresentano la principale fonte di energia, permettono l'assorbimento di alcune vitamine (A, D, E) e forniscono gli acidi grassi essenziali; inoltre contribuiscono all'appettibilità della dieta. L'energia che i grassi (ma anche gli zuccheri) apportano è indispensabile all'organismo per lo svolgimento di alcuni processi metabolici, come la regolamentazione della temperatura corporea e l'attività fisica.

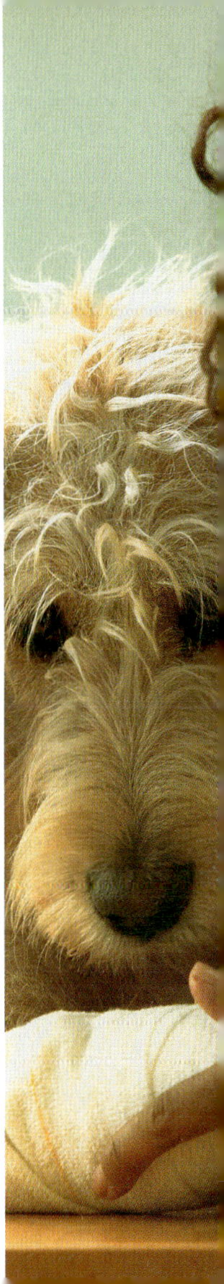

Le proteine sono deputate principalmente alla formazione di pelo, pelle, unghie, tendini, legamenti, cartilagini e muscoli. Hanno inoltre funzioni ormonali (insulina), di trasporto dell'ossigeno (emoglobina) e immunitarie (anticorpi).
Le vitamine o i loro precursori (provitamine), che proteggono il cane da malattie e infezioni, devono anch'esse essere introdotte con la dieta.
I minerali costituiscono la parte inorganica (4%) dell'organismo, ma alcuni di essi sono essenziali per la sopravvivenza.

LA RAZIONE QUOTIDIANA

Naturalmente la quantità di cibo da somministrare al proprio animale è legata alla taglia, al sesso, alle condizioni di vita e al clima. Un cane libero consuma per esempio più di uno che conduce una vita sedentaria all'interno di un appartamento, così come un cane di piccola taglia (<10 kg) avrà maggiori necessità di cibo rispetto al suo peso di un cane di taglia grande. Anche la lunghezza del pelo influenza le necessità alimentari; si sa infatti che i cani a pelo corto hanno un consumo energetico più elevato rispetto a quelli con pelo lungo. Comunque, tutti i cani sono potenzialmente in grado di autoregolare l'apporto energetico, ma in alcuni casi – per colpa dei proprietari che somministra-

no cibo senza restrizioni o molto appetibile, oppure per la mancanza di un'adeguata attività fisica – alcuni soggetti tendono all'obesità. Si sa inoltre che i legami affettivi tra animali da compagnia e proprietari sono molto forti e che la somministrazione del cibo è l'elemento principale di tale rapporto: i cani impareranno rapidamente qualsiasi tipo di azione e comportamento utile per ottenere del cibo, per esempio mendicare intorno alla tavola durante il pranzo o continuare ad abbaiare. Quando il cane è cucciolo è bene che la razione quotidiana venga suddivisa in tre-quattro piccoli pasti durante la giornata: al mattino, a mezzogiorno e alla sera. Questo fino all'eta di 4-6 mesi, poi ci si potrà orientare su uno o due pasti al giorno. Del fabbisogno calorico totale di un cane in fase di crescita il 28% sarà apportato dalle proteine, il 32% dagli zuccheri e il 40% dai grassi. È importante evitare una sovralimentazione perché può provocare un'accelerazione della velocità di crescita, con conseguente predisposizione all'obesità e alle patologie scheletriche nelle razze di grossa taglia.

COSA DEVE MANGIARE UN CUCCIOLO

Il cane, che originariamente era un carnivoro, nel corso dell'evoluzione è diventato un animale onnivoro e quindi necessita di una dieta contenente non soltanto carne ma anche verdure e carboidrati. La maggior parte dei cani preferisce il cibo in scatola (semiumido) piuttosto che crocchette o simili (secco); e preferisce il cibo caldo piuttosto che quello freddo. Un'alimentazione basata sugli scarti della mensa è la meno adatta a un cucciolo in fase di crescita poiché non è costante né equilibrata. La dieta di un soggetto in giovane età deve inoltre essere leggermente più ricca di proteine e più energetica di quella formulata per un cane adulto. Tali proteine devono essere digeribili e di buona qualità per assicurare un sufficiente apporto di amminoacidi essenziali. La qualità delle proteine contenute in un alimento può essere valutata semplicemente osservando lo stato di salute complessivo e la vitalità dell'animale. Può capitare infatti che un cucciolo non nutrito in modo adeguato presenti problemi quali ritardo nella crescita e nello sviluppo, mantello opaco, secrezione oculare ecc.

Per ciò che riguarda calcio e fosforo, il loro contenuto nella dieta per l'accrescimento non dovrebbe essere inferiore all'1% di calcio e allo 0,8% di fosforo nella sostanza secca. Un eccesso di questi elementi è dannoso perché può contribuire allo sviluppo di patologie scheletriche nelle razze di grossa taglia. Il cibo per cuccioli deve essere altamente digeribile e molto energetico poiché, data la mole ridotta, essi hanno una minore capacità digestiva, una cavità orale e denti più piccoli rispetto agli adulti e possono quindi consumare minori quantità di cibo. Se questo è di qualità scadente e non abbastanza energetico i piccoli si sentono sazi prima di avere introdotto una sufficiente quantità di nutrienti. Quando si acquista un cucciolo è buona regola continuare a nutrirlo con il tipo di cibo adottato dall'allevatore. È necessario infatti tenere presente che per un cucciolo trovarsi in un ambiente nuovo, lontano dalla madre e dalla cucciolata è un evento particolarmente stressante; è quindi utile non sottoporlo all'ulteriore stress rappresentato da un cambio di dieta. Eventualmente si attenderà qualche giorno, quindi si inizierà a introdurre, gradatamente, il nuovo alimento aggiungendolo a quello usuale, sostituendolo poi completamente nel giro di quattro o cinque giorni. Il mercato offre una vasta gamma di cibi secchi per cuccioli, che sono facili da conservare e da somministrare. I cibi semiumidi in scatola sono sufficienti da soli se si tratta di "diete complete e bilanciate" e, in tal caso, questa dicitura verrà riportata in etichetta. Questi alimenti contengono in genere carne rossa, pollame e derivati del pesce, cereali, fibre vegetali, vitamine, minerali. Altri tipi di cibo in scatola, non completi, possono essere utilizzati solamente se miscelati ad altri alimenti (p.e. riso soffiato, cereali in fiocchi, pasta). In ogni caso,

è bene tenere presente che l'acquisto di un alimento a basso costo può sembrare conveniente, ma sicuramente indica la presenza di ingredienti economici e scadenti che ne compromettono le capacità nutritive e la digeribilità.

L'ALIMENTAZIONE DEL CANE ADULTO

Per il cane adulto valgono le stesse regole dettate per il cucciolo: l'unica differenza sta nella quantità e nella distribuzione dei pasti. La quantità di cibo varia a seconda della mole, dell'attività che svolge il cane e dell'età.
È preferibile somministrare due pasti: al mattino e alla sera specie se si tratta di animali di grossa taglia; qualora ciò non fosse possibile, somministratelo solo alla sera.
Per i cani anziani vale la regola di fornire un po' più di grassi e diminuire le proteine, per non sovraffaticare il metabolismo renale; qualche vizietto può essergli concesso senza però strafare. La gestazione e il parto sono momenti molto delicati e anche l'alimentazione va in questi periodi attentamente controllata. Non sovralimentate la femmina in modo esagerato: potete aumentare la carne e fornirle alimenti digeribili e ricchi di vitamine e calcio; integrate la dieta con formaggio, riso, uova. Durante l'allattamento la cagna necessita di un'alimentazione molto ricca di carne, verdu-

ra, riso e carboidrati, con apporti più consistenti di calcio e vitamine A e D. Anche in questo caso il veterinario saprà consigliarvi la dieta più appropriata a seconda della razza e della taglia del cane.

ALCUNE REGOLE FONDAMENTALI

1. Abituate il cucciolo a mangiare in un posto tranquillo, preferibilmente sempre lo stesso.
2. Mettete sempre a disposizione dell'animale abbondante acqua fresca.
3. Per preparare la sua pappa utilizzate sempre la stessa pentola; lavate il tutto dopo ogni pasto; riponete il cibo in contenitori chiusi in frigorifero.
4. Il cibo va somministrato tiepido o a temperatura ambiente, mai troppo caldo o troppo freddo.
5. Per le dosi seguite sempre la quantità consigliata dal veterinario.
6. Non lasciate residui di cibo nella ciotola: se il cucciolo non finisce tutta la sua pappa, toglietela e riproponetela nel pasto successivo.
7. Non dategli da mangiare dal tavolo e siate sempre molto severi riguardo le sue abitudini alimentari: il cane per sua natura non è schizzinoso, ma lo può diventare.

8. Non date al cucciolo ossa di pollo, coniglio o lische di pesce poiché queste, ridotte in schegge dai denti, possono perforare l'intestino.

CIBI CONFEZIONATI

Se optate per questo tipo di alimentazione, potrete trovarne in commercio di tutti i tipi e gusti. È però importante rivolgersi sempre a prodotti affidabili e fare attenzione che le confezioni siano integre; una volta aperte, non lasciate le scatole di cibo umido fuori dal frigorifero per più di 3 ore. Le scatole aperte vanno chiuse con coperchi di plastica.
Altri cibi confezionati sono quelli secchi e semiumidi; particolarmente appetibili, si conservano a lungo e sono molto proteici. Ogni confezione riporta generalmente le quantità adatte alla taglia e peso del cane. Esistono inoltre in commercio biscotti e bocconcini, utili da usare come ricompensa durante l'addestramento, e non solo: non si ecceda con la quantità, sono molto calorici e, a lungo andare, possono favorire l'obesità. Per la crescita dei denti nei cuccioli e anche per il divertimento dei cani adulti, potrete trovare in vendita nei negozi di prodotti per animali delle finte ossa di tutte le fogge e dimensioni, di pelle di bufalo o altri materiali commestibili (magari anche arricchite con fluoro) mol-

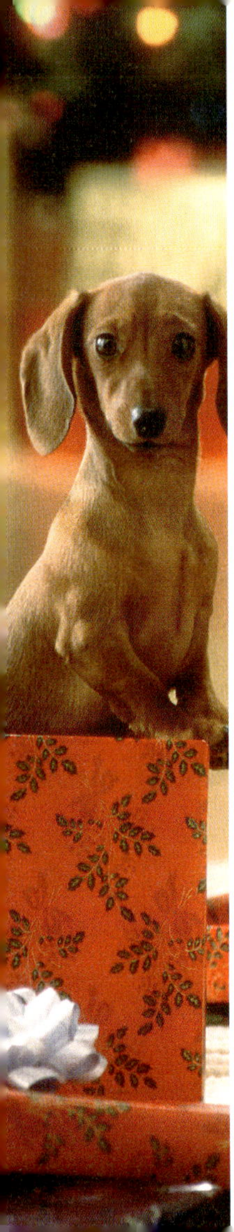

to gradite dai cani. Sono confezionate con prodotti atossici e possono essere masticate o mangiate tranquillamente; a differenza delle ossa vere non si scheggiano e non possono perforare l'intestino. Potrete facilmente reperire integratori alimentari in polvere o in pastiglie, che contengono calcio, vitamine e sali minerali utili per arricchire la dieta del cucciolo ma anche del cane adulto, soprattutto per quelle razze che con l'età possono presentare problemi alle ossa. Poiché il loro impiego è superfluo in caso di alimentazione bilanciata, fatevi sempre consigliare dal vostro veterinario prima di inserirli nella razione quotidiana.

CIBO PER USO UMANO

I pasti dei cani possono seguire le nostre abitudini, l'importante è che le sostanze nutritive del pasto formino una composizione equilibrata.

Avanzi della mensa Qualora vengano somministrati, non devono superare il 5-10% delle necessità caloriche quotidiane. Spesso finiscono nella ciotola di Fido solamente la carne avanzata e i ritagli di grasso senza verdura e cereali, e quindi non costituiscono certamente un'alimentazione bilanciata. È assolutamente da evitare la somministrazione di salumi e dolci; anche se i cani sono particolarmente golosi di questi cibi, essi sono dannosi per la loro salute.

Carni rosse e pollame Non possono costituire da soli la dieta di un cane, tanto meno se si tratta di un cucciolo, perché sono deficitari di calcio, fosforo, rame, ferro, vitamine D ed E. Se la carne viene aggiunta a una dieta bilanciata in quantità eccessiva (oltre il 25%) crea squilibrio alimentare. In ogni caso, deve essere ripulita degli ossi e ben cotta.

Latte e derivati Il latte è un ottimo alimento che viene digerito bene dal cane soltanto fino a una certa età, poi crescendo – in seguito alla riduzione dell'attivita della lattasi (enzima presente nell'intestino che serve a digerire lo zucchero del latte) – può accadere che il latte venga rifiutato oppure provochi diarrea. I prodotti caseari forniscono proteine di alta qualità, ma possono contribuire a creare uno squilibrio alimentare se aggiunti alla razione in quantità eccessiva.

Oli e grassi Spesso si usa addizionare alla dieta del cucciolo l'olio di fegato di merluzzo, oli vegetali oppure grassi animali, per renderla più appetibile e fornire un'integrazione vitaminica. L'olio di fegato di merluzzo è sicuramente ricco di vitamine A e D, ma il loro eccesso può rivelarsi spesso più dannoso di un'eventuale carenza. Si può infatti creare una ipervitaminosi anche solo aggiungendo uno-due cucchiai di questo olio a una dieta bilanciata. I grassi in eccesso possono causare problemi digestivi, obesità e, soprattutto, nel giovane animale sono responsabili di un minor consumo di cibo. In genere, tutti gli alimenti commerciali completi e bilanciati contengono una quota aggiunta di acidi grassi polinsaturi; soltanto se si usano cibi scadenti o conservati per periodi troppo lunghi si può verificare una loro carenza: il cane presenta in tal caso opacità del mantello e abbondante perdita di pelo.

Pesce Come per la carne, il pesce da solo (privo di lische poiché molto pericolose) è un alimento carente di calcio, ferro, sodio, rame e alcune vitamine, soprattutto la E. Non deve mai essere somministrato crudo per la possibilità di trasmettere delle parassitosi e perché contiene una sostanza che degrada la tiamina (vitamina del gruppo B).

CIBI PERICOLOSI

Ci sono alcuni alimenti che non devono essere somministrati ai cani perché, se consumati in grandi quantità, sono estremamente nocivi.

Cioccolato Alimento molto apprezzato dai cani, tanto da portare alcuni soggetti a fare a gara con proprietari particolarmente golosi per accaparrarsene la maggior quantita possibile. Il cioccolato contiene una particolare sostanza, la teobromina che è tossica per i cani se viene consumata in grande quantità. I segni di tossicità – che in un cane di 11 kg compaiono dopo l'ingestione di circa 250 g di cioccolato – sono: vomito, diarrea, irrequietezza, tremori muscolari, respirazione affannosa, convulsioni; a questi sintomi, nei casi più gravi, può subentrare la morte.

Cipolle I cani amano molto il sapore di questo bulbo e possono arrivare a consumarne una quantità eccessiva con gravi conseguenze. Le cipolle contengono infatti un composto tossico per i cani che provoca un'anemia emolitica con sintomi quali diarrea, vomito, depressione, febbre e colorazione bruna delle urine. Tenete comunque presente che piccole dosi di questo ortaggio non risultano dannose.

Più gente conosco e più apprezzo il mio cane.

Socrate

La salute

CURA E PREVENZIONE

Il primo anno di vita rappresenta per un cane il periodo più importante per il suo sviluppo fisico e psichico. Durante questi primi mesi il cucciolo dovrà essere adeguatamente nutrito, curato ed educato; inoltre, andrà tenuto sotto costante controllo sanitario, poiché questo è il periodo più critico dal punto di vista della salute. Sarà quindi utile intraprendere un adeguato programma di medicina preventiva che comprenda gli interventi vaccinali contro le malattie infettive, i trattamenti antiparassitari contro zecche, pulci e acari, i trattamenti antielmintici per i vermi, e la profilassi per la filariosi cardiopolmonare là dove esista il rischio di questa malattia. Se il cucciolo non viene adeguatamente protetto dalle vaccinazioni e dagli altri interventi profilattici, è consigliabile non esporlo al pericolo di contagio, evitando quindi di portarlo in luoghi dove siano presenti altri cani, come parchi pubblici, pensioni per animali ecc. Il veterinario deve essere messo a conoscenza di tutte le informazioni relative al cucciolo che deve visitare quindi è be-

ne che il cane venga accompagnato alla visita dal suo proprietario (ciò contribuirà anche a tranquilizzarlo). Per esempio, sarà utile sapere se è già stato sottoposto a trattamenti per i vermi o se presenta sintomi particolari (vomito, diarrea, tosse ecc.)

La sverminazione Gli ascaridi, vermi tondi che vivono nell'intestino, infestano la gran parte dei cuccioli già nei primi giorni di vita, causando dimagramento, addome globoso, alito cattivo, mantello opaco e, più raramente, vomito, diarrea, disidratazione.
Il primo trattamento si effettua all'età di 3 settimane e andrà ripetuto più volte ogni venti giorni, fino alla completa eliminazione dei parassiti adulti e delle uova (visibili solamente con l'esame al microscopio delle feci).
Più raramente i cuccioli possono essere infestati da altri tipi di vermi come gli anchilostomi o le tenie. In ogni caso, per la diagnosi è utile fare eseguire al veterinario l'esame microscopico delle feci, in base al quale deciderà quale farmaco è più idoneo.
I prodotti antielmintici possono essere efficaci per uno oppure per più tipi di vermi; in ogni caso sarebbe opportuno usare farmaci specifici e non "ad ampio spettro" (più adatti per i cani adulti).

Le vaccinazioni Questi trattamenti possono essere eseguiti esclusivamente dal veterinario, perché è l'unica persona autorizzata a farlo. Chi vende un cucciolo, dovrebbe sempre consegnare all'acquirente un libretto sanitario compilato e firmato da un veterinario, che riporti l'elenco delle vaccinazioni e di ogni altro intervento diagnostico o terapeutico eseguito sul cucciolo. La prima vaccinazione si esegue intorno alle 7-8 settimane di età, a eccezione dei cuccioli che non hanno assunto il colostro, per i quali è necessario effettuare una vaccinazione più precocemente. Prima di compierla il veterinario visiterà il cucciolo per accertarsi che non presenti sintomi di malattia (nel qual caso verrà sospesa). La seconda vaccinazione verrà eseguita dopo un mese dalla prima e così la successiva. Per ciò che riguarda il numero di vaccinazioni e il tipo di vaccino, la scelta sarà a discrezione del veterinario, il quale deciderà in base alla sua esperienza personale.

Diamo qui di seguito una breve trattazione delle principali malattie per le quali è possibile la prevenzione tramite l'impiego di vaccini.

- *Cimurro* Malattia virale altamente contagiosa che colpisce i cuccioli, soprattutto nei primi mesi di vita, più raramente i cani adulti. I sintomi sono molto variabili e tra i più frequenti ricordiamo: malessere con inappetenza, febbre,

presenza di scolo purulento nasale e oculare, tosse e rantoli nella forma respiratoria; vomito e diarrea se viene colpito l'apparato digerente; convulsioni, paralisi e andatura barcollante, qualora sia interessato il sistema nervoso. Non esiste una cura particolare, ma si usano farmaci per combattere i sintomi specifici e per prevenire le infezioni batteriche secondarie.
Non sempre è una malattia mortale ma spesso negli animali che superano la malattia permangono postumi come tic nervosi, paresi, denti macchiati a causa dei danni provocati allo smalto. Essendo una malattia invalidante o mortale è consigliabile ripetere la vaccinazione più volte nei cuccioli e annualmente negli adulti.

- *Parvovirosi* Temibile gastroenterite di origine virale (*Parvovirus*) che colpisce intere cucciolate, spesso decimandole. I sintomi sono a carico dell'apparato digerente e comprendono: febbre, abbattimento, vomito, diarrea emorragica e disidratazione. Si tratta di una malattia grave che, se non prontamente e adeguatamente curata, spesso porta a morte in un tempo variabile da poche ore a pochi giorni. Se l'infezione virale colpisce il cuore, e ciò avviene soprattutto nei neonati, la morte è certa. Si previene con un adeguato programma vaccinale e con l'isolamento dei cuccioli recettivi dagli altri animali e dalle strutture potenzialmente in-

fette. Queste misure igieniche sono essenziali perché durante la malattia, l'animale malato elimina grandi quantità di virus con le feci, contaminando tutto l'ambiente in cui vive. Inoltre è molto importante vaccinare regolarmente le fattrici, in modo che possano trasmettere una buona immunità alla prole: i cuccioli che non hanno ricevuto una sufficiente immunità materna, sono senza dubbio molto più a rischio. I cani adulti possono contrarre l'infezione e superarla senza sintomi o quasi. La vaccinazione va fatta a partire dalle 6-8 settimane di età e poi mensilmente per due o tre volte. Nei cani adulti è consigliabile una vaccinazione annuale.

● *Tosse dei canili* Complesso di patologie respiratorie molto contagiose, causate da vari tipi di virus e da un batterio. Si manifesta principalmente con tosse secca che compare in modo repentino e può durare per giorni o settimane. In genere non è grave, perché colpisce solamente le prime vie aeree e, infatti, il cucciolo colpito continua a mantenere l'appetito, non presenta febbre e rimane attivo. Nei soggetti particolarmente immunodepressi può però complicarsi, fino alla comparsa di una grave polmonite, talvolta mortale. È comune negli ambienti dove vivono insieme molti cani come: pensioni, canili, negozi ecc. e, quando compare, in genere si diffonde velocemente e colpisce tutti i sog-

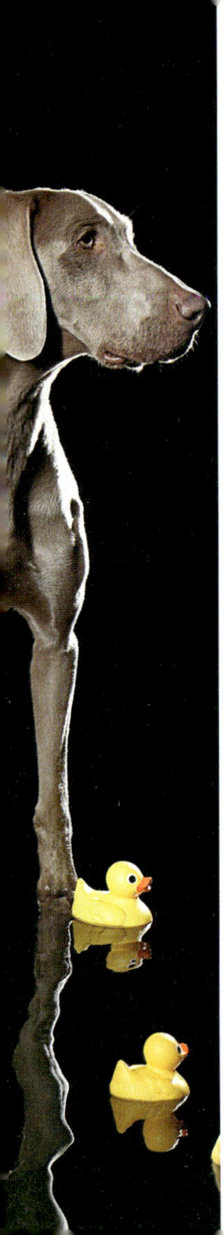

getti presenti. Quindi il rispetto di adeguate misure igienico-sanitarie, come l'isolamento e la periodica disinfezione dell'ambiente, è essenziale per evitare il diffondersi del virus. La prevenzione vaccinale è consigliabile nei cuccioli e negli adulti, soprattutto nei riproduttori, e nei cani che frequentano le mostre o che vivono in canile. La cura non è necessaria nelle forme lievi, perché la malattia si esaurisce spontaneamente in una o due settimane, mentre è indispensabile nelle forme complicate o qualora l'animale risulti immunodepresso.

- *Epatite infettiva* Malattia di origine virale, abbastanza rara per il fatto che la gran parte della popolazione canina viene regolarmente vaccinata per questo virus. Può comparire in forma grave con febbre, vomito, diarrea, tonsillite o ingrossamento dei linfonodi del collo, oppure in forma più lieve con interessamento dell'occhio (causa l'opacamento della cornea). Raramente è mortale. La cura è sintomatica e serve a prevenire le complicazioni batteriche. La doppia vaccinazione nei cuccioli a partire dalle 8-10 settimane di età, conferisce una buona immunità, ma è sempre consigliabile il richiamo annuale.
- *Rabbia* Malattia virale che colpisce tutti i mammiferi, compreso l'uomo. Si manifesta con turbe del comportamento, paralisi e in breve tempo porta a morte. La trasmissione

avviene solamente in seguito al morso di un animale affetto da rabbia. Esiste un articolo preciso del Regolamento di Polizia Veterinaria che ne disciplina la profilassi sul territorio nazionale e che prevede la vaccinazione obbligatoria degli animali domestici che vivono nelle regioni dove si sono verificati casi di malattia, anche solamente negli animali selvatici come le volpi (negli ultimi anni, questo è accaduto in Friuli e in Alto Adige).
La vaccinazione è comunque consigliabile, ed è obbligatoria per l'espatrio o per la partecipazione a mostre canine internazionali. Si può eseguire dall'età di 3 mesi e va ripetuta almeno un mese prima della data prevista per la partenza o della mostra.
Qualora una persona venga morsa da un cane, sarà il medico curante o il pronto soccorso cui la persona si è rivolta, che provvederà a denunciare il caso all'Autorità sanitaria. In seguito a tale denuncia verrà informato il Servizio Veterinario della ASL di competenza, che provvederà a inviare un veterinario al domicilio del proprietario del cane morsicatore, per verificarne lo stato di salute.

- *Leptospirosi* Grave malattia di origine batterica che provoca febbre, depressione, inappetenza, vomito, disidratazione e dolore muscolare diffuso; spesso comporta la morte del cane in seguito all'insorgenza di una grave insufficien-

za epatica e/o renale. Si tratta di una zoonosi, cioè una malattia che può colpire anche l'uomo ed è quindi raccomandabile rispettare una serie di misure igieniche in caso di malattia, evitando soprattutto il contatto con le urine dell'animale malato. La cura risulta spesso inutile.
È necessario vaccinare i cuccioli a partire dalla nona settimana di età, ripetendo l'intervento dopo un mese e quindi una volta all'anno. Se il cane vive in una zona dove la malattia è particolarmente diffusa, sarà utile ripetere un richiamo ogni sei-otto mesi.

I parassiti esterni Pulci e zecche, soprattutto nel periodo estivo, sono veramente fastidiose e possono anche causare allergie o trasmettere alcune malattie infettive. Le zecche, per esempio, sono responsabili della trasmissione della malattia di Lyme (che causa febbre e poliartrite e può colpire anche l'uomo) e delle rickettsiosi (che provocano anemia, febbre, intolleranza all'esercizio fisico, aumento di volume dei linfonodi e sintomi neurologici). Esistono tantissimi prodotti commerciali per la lotta alle pulci e/o alle zecche, l'importante è sceglierne uno con scarsa tossicità e, se da usare con un cucciolo, idoneo per gli animali giovani.
Un'altra possibile parassitosi esterna è l'otite da acari, che richiede l'applicazione di gocce auricolari antiparassitarie.

La filariosi cardiopolmonare Questa malattia è causata da un particolare tipo di vermi, le filarie, che allo stadio adulto vivono nel cuore e nelle arterie polmonari, mentre come larve (microfilarie) circolano liberamente nel sangue. I parassiti vengono trasmessi da un cane all'altro tramite le punture delle zanzare. Il cane può presentare i sintomi della malattia dopo mesi o anni dal momento in cui si è infestato. I sintomi clinici possono essere assenti o variabili e sono: scarso rendimento atletico, tosse, difficoltà respiratoria, astenia, collassi, crisi convulsive.
La diagnosi viene fatta dal veterinario sulla base della sintomatologia, degli esami sul sangue e delle radiografie. La prognosi varia a seconda dell'età dell'animale, del periodo trascorso dal momento del contagio a quello della diagnosi, del numero di filarie presenti ecc. La cura può essere rischiosa se l'animale non è in buone condizioni di salute e perciò è consigliabile eseguire la profilassi. A tale scopo esistono dei farmaci da somministrare nel periodo in cui le zanzare pungono, cioè nel periodo estivo.

Somministrare i medicinali Per somministrare i medicinali talvolta è sufficiente mischiarli al cibo, ma non sempre questo è possibile. È perciò opportuno imparare il metodo da usare nei vari casi.

- *Pastiglie e compresse* Si apre con una mano la bocca dell'animale e con l'altra si appoggia la compressa sulla lingua del cane in profondità. Ciò provocherà la naturale reazione di deglutire. La bocca va poi tenuta chiusa fino a che la deglutizione non sarà stata completata.
- *Medicinali liquidi o in pasta* Ci si deve munire di una siringa priva d'ago, si preleva la quantità necessaria di medicina e la si spruzzi nella bocca sollevando il labbro di lato e infilandola tra i denti.
- *Iniezione* La più usuale in un cane è quella sottocutanea che si esegue pizzicando un lembo di pelle e sollevandolo; introducete quindi l'ago con decisione e fate scendere lo stantuffo lentamente per far penetrare il liquido.

I SINTOMI DALLA A ALLA Z

Per aiutare correttamente il veterinario a diagnosticare e trattare efficacemente la malattia o lo stato del cane è utile saper riconoscere precocemente una combinazione di vari segni e sintomi.

Anemia Consiste in una riduzione del numero dei globuli rossi o in una diminuzione nel pigmento che porta l'ossigeno (l'emoglobina). Per stabilire se il cane è anemico, si

deve osservare con attenzione il colore delle mucose apparenti (interno della bocca, congiuntive) le quali nel cane sano sono di un colore rosa vivace, mentre in un soggetto anemico diventano molto pallide, se non addirittura bianche.
Altri sintomi di anemia sono la debolezza generale e la comparsa di un respiro affannoso in seguito al minimo sforzo. Le cause che più frequentemente stanno alla base di questo sintomo sono: avvelenamento da composti anticoagulanti (normalmente presenti nel veleno per topi); squilibri nutrizionali; uso di determinati farmaci (ad esempio Aspirina e antinfiammatori); emorragie interne da traumi; parassiti esterni (zecche); parassiti interni (filariosi cardiopolmonare); agenti infettivi (piroplasmosi, leptospirosi); tumori (midollo osseo, intestino, milza); malattie genetiche tipiche di alcune razze (ad esempio beagle o west higland).

Debolezza generale Sempre presente qualora vi sia anemia (vedi), oppure può verificarsi in caso di avvelenamenti di vario genere o quando l'animale è molto defedato (cioè in uno stato di grave deperimento organico).

Diarrea Le cause della diarrea sono varie e vanno dai disordini alle intolleranze alimentari, alla presenza di batteri, vi-

rus, protozoi, parassiti, all'ingestione di sostanze tossiche. Ogni qualvolta si verifichi un episodio di diarrea è utile far digiunare il cane per vedere se si blocca; se ciò non avviene, prolungate ulteriormente il digiuno e rivolgetevi al veterinario. Ricordate che è sempre utile osservare il tipo di feci emesse dal cane e, nel caso di anomalie, raccoglierne un campione e portarle dal veterinario per l'esame al microscopio.

Disidratazione Si verifica per una perdita di sali e liquidi organici in seguito a diarrea, vomito o altri disturbi. Nei cuccioli è particolarmente pericolosa perché può condurre alla morte in breve tempo (non hanno infatti particolari risorse). Il cane disidratato si presenta debole, con la pelle priva di elasticità e le mucose asciutte.

Disturbi della bocca Segni evidenti sono: alito cattivo, difficoltà nella masticazione del cibo e nella deglutizione, salivazione abbondante, presenza di arrossamenti, ulcere e sanguinamento. È necessario osservare sempre con attenzione l'interno della cavità orale per verificare che non siano presenti corpi estranei, quali pezzi di legno, frammenti vegetali o di ossa, oppure che non sussistano problemi alle gengive o ai denti. Nei cani di piccola taglia (maltesi, barboncini, yorkshire) si verifica frequentemente la formazione di tartaro che, con l'andar del tempo danneggia le gengive e porta alla caduta dei denti. Con questi animali è necessario rivolgersi periodicamente al veterinario per una pulizia mirata (detartraggio); è sempre utile inoltre che il proprietario effettui la pulizia dei denti con uno spazzolino e un prodotto idoneo.

Disturbi degli occhi I sintomi più frequenti sono: chiusura o gonfiore delle palpebre, arrossamento e presenza di secrezioni, opacità della cornea, protrusione della terza palpebra. Le cause di infiammazione sono spesso infettive o traumatiche, causate da graffi o dalla presenza di piccoli corpi estranei come frammenti vegetali ecc. Il cane con questi disturbi tende a essere depresso, non mangia e continua a strofinarsi l'occhio interessato.

Disturbi delle orecchie Se il padiglione auricolare si presenta esageratamente gonfio, è possibile che si tratti di un ematoma, causato da schiacciamento o da autotraumatismo. Se invece è presente un'elevata quantità di cerume, oppure una secrezione purulenta con cattivo odore, si può pensare a un'infiammazione dell'orecchio esterno, cioè a un'otite. Qualora quest'ultima affezione non venga adeguatamente curata, può complicarsi fino a interessare l'orecchio medio, con conseguenze gravi, come la mancanza di equilibrio o la testa reclinata sul lato malato. Il cucciolo con otite o che presenta nell'orecchio un corpo estraneo (spesso delle spighe), continua a scuotere la testa e a toccarsi l'orecchio malato con le zampe. Le razze più predisposte a questi tipi di disturbi sono quelle che presentano orecchie di notevoli dimensioni o penduli, come il cocker spaniel o il bracco italiano. È importante che periodicamente si provveda alla pulizia del padiglione esterno dell'orecchio del cane usando cotone o garza imbevuta in un prodotto idoneo.

Gonfiori delle zampe Sintomo che può indicare malattie da carenza come il rachitismo, oppure essere indice di fratture, artriti o lussazioni (in tal caso però il cane terrà l'arto sollevato leccandosi in continuazione). I gonfiori possono anche essere causati da ferite o da corpi estranei che si conficcano tra le dita.

Inappetenza Se il cane digiuna per un lungo periodo, soprattutto durante la fase di crescita, viene compromesso il suo normale sviluppo, quindi è bene conoscere esattamente la causa che ha scatenato la mancanza di appetito. Spesso si tratta del rifiuto di un certo tipo di cibo. Può per

esempio capitare che alcuni cani si "stanchino", per così dire, del cibo secco e, in questo caso, sarà utile (facendo opportune variazioni nel dosaggio) aggiungere del cibo semiumido. Il più delle volte accade però che il proprietario stesso vizi il cane offrendogli bocconcini prelibati e inducendolo così a rifiutare il "normalissimo" cibo per cani. L'inappetenza può indicare una malattia grave qualora compaia con altri sintomi, quali febbre, depressione del sensorio ecc.

Perdita di pelo Quando è eccessiva e accompagnata da altri sintomi, quali prurito o la presenza di croste, sarà utile rivolgersi al veterinario per accertarsi che il cane non sia affetto da malattie parassitarie (ad esempio rogna). La perdita di pelo può anche essere causata da alimentazione inadeguata, squilibri ormonali, micosi cutanee e dermatiti in genere.

Perdita di urina Questo disturbo può dipendere da diverse cause. Nei cani molto timidi si verifica ogni qual volta si emozionano, per esempio alla vista del proprietario o solamente ricevendo una carezza. Il problema diventa serio se l'incontinenza diventa permanente; in tal caso si può sospettare la presenza di qualche difetto congenito dell'apparato urinario.

Prurito L'infestazione da pulci, assieme alle intolleranze alimentari e alle allergie ambientali, è tra le principali cause del prurito. Per risolverlo è utile indagare sulle abitudini alimentari e di vita del cane in modo da scoprirne la causa. Se a scatenarlo è un'intolleranza alimentare, sarà necessario eliminare il cibo responsabile del problema; se si tratta di un agente presente nell'ambiente (ad esempio polvere, lana ecc.) sarà necessario evitare che l'animale entri in contatto con quella determinata sostanza. Quando la causa è parassitaria, si dovrà stabilire qual è l'agente responsabile e iniziare quanto prima la terapia più idonea dietro consiglio veterinario.

Sete eccessiva Tutti i cuccioli tendono a bere molto, ma qualora la quantità di acqua richiesta superi certi limiti e contemporaneamente compaiono altri sintomi (diarrea, produzione esagerata di urine, dimagrimento o vomito) sarà utile rivolgersi al veterinario.

Stitichezza Di solito i cani non presentano questo problema, ma se la dieta è inadeguata – perché carente di fibre o grassi, oppure per un eccesso di ossa – può verificarsi l'emissione di feci molto dure, quasi gessose. Come norma generale, è molto importante assicurarsi che il cane emetta le feci due-tre volte al giorno (a seconda dell'età); può infatti capitare che il processo di eliminazione venga bloccato per l'ingestione di oggetti di vario genere (sassi, cordicelle, pezzi di plastica o di legno) che provocano ostruzione dell'intestino e quindi impediscono il passaggio delle feci. Al minimo dubbio è bene contattare prontamente il veterinario.

Tosse Nei cuccioli è frequente la tosse dei canili di cui si è parlato in relazione alle malattie infettive (vedi capitolo "La salute"); tra queste ultime ricordiamo che può dare tosse anche il cimurro. Al giorno d'oggi queste patologie sono comunque più rare che in passato, visto che buona parte della popolazione canina è coperta dalle vaccinazioni.

Quando la tosse compare improvvisamente, può indicare la presenza di corpi estranei a livello della gola e sarà quindi utile ispezionare questa regione per accertarsi che non vi sia nulla da rimuovere. La tosse è anche sintomo di patologie tracheali, bronchiali e polmonari. È quindi molto importante osservare le modalità con le quali la tosse compare, e riferire dettagliatamente al veterinario.

Vomito Se compare senza altri sintomi e non si protrae per molto tempo, può indicare la necessità di espellere dallo sto-

maco un corpo estraneo come un pezzo di legno o un sasso. Questo accade frequentemente nei cuccioli, i quali ingoiano ogni cosa per gioco, anche se non è commestibile. Bisogna invece allarmarsi se oltre al vomito compare diarrea, deperimento, disidratazione. In presenza di vomito è sempre un comportamento corretto non somministrare bevande o cibi solidi per almeno dodici ore.

Zoppie Il cane zoppica con facilità anche quando non è presente un grande dolore. È difficile a volte stabilire il grado di dolore di un arto, poiché spesso il cucciolo si lamenta al minimo tocco e piange disperatamente. In ogni caso vale la regola di rivolgersi prontamente al veterinario qualora la zoppia (come unico sintomo) perduri per più di un giorno e non accenni a migliorare. Fra le cause di zoppia, oltre alla frattura, vi sono anche lussazione, distorsione, artrite...

> *Un uomo può offrirti un cordiale saluto, eppure mandarti all'inferno.*
> *Ma quando un cane dimena la coda, tu sai che ti ama in eterno.*
>
> Anonimo

Pronto soccorso

Avvelenamenti Un cane può avvelenarsi ingerendo sostanze tossiche oppure se viene sottoposto a trattamenti antiparassitari inadeguati contro pulci o zecche. Nell'avvelenamento da insetticidi (compresi quindi prodotti contro pulci e zecche) i sintomi più frequenti sono: vomito, diarrea, convulsioni e salivazione abbondante. Se la causa è stata l'applicazione esterna di una polvere o di una soluzione antipulci, sarà utile lavare abbondantemente il mantello del cane con sapone e risciacquare più volte in attesa dell'intervento del veterinario. I diserbanti rappresentano un grosso pericolo per i cani e qualora vengano ingoiati anche in minime quantità possono causare grave difficoltà respiratoria, vomito, diarrea e, in alcuni casi, provocare la morte dell'animale. Le esche per lumache sono particolarmente appetibili e danno una sintomatologia simile alla precedente. Il maggior pericolo comunque, soprattutto nelle aree rurali, è rappresentato dalle esche topicide le quali contengono composti diversi, in particolare sostanze anticoagulanti che determinano emorragie e anemia. Altre sostanze tossiche per i ca-

ni sono le vernici, i detersivi in genere e i liquidi antigelo per le auto. Anche piante e fiori come l'oleandro, il mughetto, la stella di Natale e tanti altri possono essere pericolosi. In ogni caso, se un cane ingoia un veleno, è sempre utile conoscere la sostanza che lo compone e rivolgersi al più presto al veterinario. Se il fatto è appena accaduto, si può indurre il vomito con l'uso di una soluzione concentrata di sale da cucina o di acqua ossigenata a 10 volumi (5-10 ml), ma è sempre un intervento molto rischioso e assolutamente controindicato qualora non ci sia più il riflesso della deglutizione oppure sia subentrato uno stato comatoso.

Colpo di calore o colpo di sole Può accadere per l'esposizione diretta ai raggi solari, o in seguito al fatto che il cane sia stato tenuto in un ambiente chiuso e poco ventilato, dove si accumula calore (auto, roulotte). Nel caso, il cane non si regge sulle zampe o barcolla, può respirare con difficoltà e tutto il corpo è molto caldo. La prima cosa da fare è raffreddare l'animale, immergendolo completamente in acqua oppure tamponando il corpo con dei panni bagnati che verranno continuamente sostituiti.

Contusioni Sono causate da un impatto violento fra il corpo dell'animale e un oggetto o una superficie dura, senza la-

Home for Sale

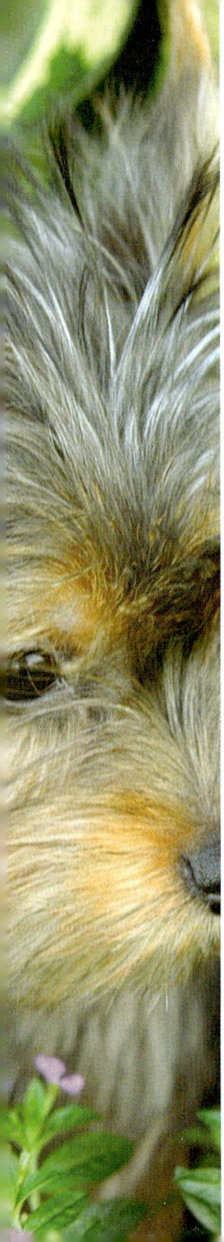

cerazione della pelle (cadute dall'alto, incidenti stradali ecc.). Possono essere senza gravi conseguenze, ma è sempre utile controllare (attraverso l'osservazione visiva e un attenta palpazione) tutto il corpo dell'animale in modo da escludere con sicurezza la presenza di fratture, rotture di denti, lussazioni evidenti. Se il soggetto non si riprende in pochi minuti, il respiro non è normale e così il colore delle mucose degli occhi e della bocca, è bene rivolgersi al più presto a un veterinario. Se necessita il trasporto, è bene fare scivolare il corpo dell'animale su di un ripiano rigido e quindi trasportarlo. Inoltre non si deve sollevare la testa per evitare che il contenuto dello stomaco o il sangue possano ostruire le vie respiratorie.

Convulsioni Possono essere causate da un avvelenamento (vedi sopra), oppure indicare un'epilessia. In questo caso, l'animale (in genere ma non sempre) inizia a masticare a vuoto, presenta schiuma alla bocca, fa scatti improvvisi con le zampe, emette involontariamente feci e urina e perde i sensi.

Durante la crisi, è bene accertarsi che l'animale non si faccia del male, lasciandolo nel luogo dove si trova, senza disturbarlo inutilmente con rumori e luci; appena si riprende, gli si starà vicino per tranquillizzarlo. Di solito le crisi epilettiche durano pochi minuti e non rappresentano un pericolo per la vita del cane; in ogni caso sarà utile farsi consigliare dal proprio veterinario per la somministrazione di farmaci antiepilettici.

Distorsioni, distensioni, distrazioni Si tratta di patologie di origine traumatica a carico rispettivamente delle articolazioni, dei tendini e dei muscoli. La distorsione consiste in un momentaneo spostamento delle parti ossee di un'articolazione e nel loro successivo rialloggiamento; la distensione riguarda lo stiramento di un tendine, mentre la distrazione quello di un muscolo.
In genere, queste patologie si risolvono favorevolmente, ma è sempre necessario mettere la parte interessata a riposo. A volte è necessario immobilizzare la parte con un bendaggio rigido.

Ferite Più frequentemente si riscontrano ferite da taglio alle estremità degli arti e queste non destano preoccupazione se l'emorragia è contenuta. In tal caso, sarà sufficiente applicare una garza imbevuta con una preparazione antisettica tenendola compressa sulla parte per qualche minuto, quindi fasciare con un bendaggio. Le ferite di una certa profondità richiedono invece l'applicazione di punti di sutura, tanto più se sono molto profonde e con emorragia imponente. Se è stata recisa un'arteria, il sangue uscirà a getto abbondante e ritmico: in attesa dell'intervento del veterinario, si applicheranno delle garze sulla zona interessata, apponendo più strati, se necessario. È molto importante quando si benda un arto, non tralasciare la parte distale, comprese le dita. Le ferite possono anche essere perforanti e penetranti, e interessare organi interni come il polmone o i visceri addominali: è sempre raccomandabile l'intervento del veterinario.

Fratture e lussazioni Le fratture a livello degli arti sono quasi sempre visibili, in quanto sono presenti deformità e notevole dolore. Per lussazione si intende la perdita permanente dei normali rapporti tra i capi ossei di un'articolazione. Spesso l'animale con queste lesioni non si lascia toccare e cerca di mordere. In attesa del veterinario, se il soggetto è così aggressivo, è molto importante cercare di tenerlo calmo o in alternativa, cercare di immobilizzarlo con l'aiuto di coperte, lacci ecc.

Morsi di vipera Il cane manifesta un improvviso dolore e inizia a leccarsi e grattarsi la parte interessata che si presenta tumefatta e con la presenza di due piccoli fori. L'uso del

siero antiofidico può essere rischioso perchè può scatenare uno shock o dare altre complicanze, perciò è sempre consigliabile la sua somministrazione sotto stretto controllo del veterinario. In ogni caso è buona norma fare sanguinare la ferita per agevolare il più possibile l'uscita del veleno.

Perfrigerazioni I cani a pelo corto sono particolarmente sensibili al freddo, in particolare quando sono costretti a stare in un recinto di dimensioni ridotte senza la protezione di una cuccia adeguata.
Il corpo del soggetto si presenta molto freddo e rigido e con un tremore incontrollabile: è indispensabile riscaldarlo al più presto e sarebbe molto utile la somministrazione di soluzioni calde per via endovenosa.

Punture di insetto Di solito provocano esclusivamente sintomi locali con tumefazione, dolore e arrossamento della parte colpita. Nel caso però interessino la lingua o la zona cervicale, è possibile che il gonfiore sia tale da non permettere il passaggio dell'aria, con gravi difficoltà respiratorie che talvolta compromettono la vita dell'animale. In questi casi è urgentissimo l'intervento del veterinario che somministrerà i farmaci adatti. Per le punture di insetto in genere, è utile l'applicazione di compresse imbevute con qualche goccia di ammoniaca o, in mancanza di questa, si può applicare sulla parte una fetta di cipolla.

Ustioni Le cause possono essere molteplici, come il contatto con liquidi bollenti o con sostanze chimiche irritanti; anche la corrente elettrica può provocare gravi ustioni. In ogni caso è necessario applicare con immediatezza sulla parte colpita del ghiaccio o delle compresse di acqua fredda. Se la causa è stata una sostanza corrosiva, sarà utile lavare abbondantemente la zona interessata con acqua, in modo da allontanare il più possibile eventuali residui, e applicare della vaselina in attesa dell'intervento del veterinario.

> *Il cane possiede la bellezza senza la vanità. La forza senza l'insolenza. Il coraggio senza la ferocia. E tutte le virtù dell'uomo senza i suoi vizi.*
>
> Lord Byron

Comportamento e psicologia

Molti comportamenti del cane giudicati dagli uomini fastidiosi o inutili, in realtà sono parte integrante della natura di questo animale e il saperli riconoscere ci permetterà di capire il cane e di stabilire un rapporto leale e gratificante per entrambi. In particolare, osservando con molta attenzione il comportamento del vostro cane, arriverete a tre conclusioni fondamentali da tenere sempre presenti, se volete rispettare la sua indole e se vi sta a cuore il benessere del vostro amico a quattro zampe: il cane è un animale predatore; per lui il territorio è di fondamentale importanza; ha la necessità di un'esistenza sociale, cioè di vivere assieme ad altri individui.

ETÀ PSICOLOGICHE DEL CANE

Al pari degli esseri umani, anche nei cani è possibile osservare una serie di età psicologiche, ossia di periodi nei quali alcuni tipi di comportamento sono dominanti sugli altri, mentre alcune facoltà sono del tutto assenti o limitate.

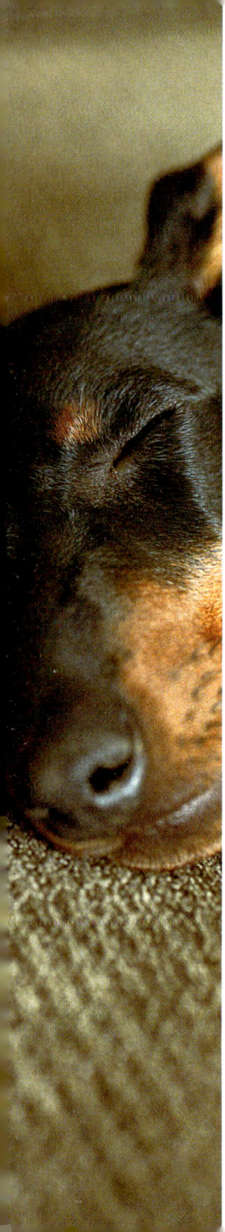

Età neonatale (fino ai 15 giorni di vita circa) In questo periodo le attività predominanti sono rappresentate dall'alimentazione e dal dormire. Il cucciolo in questa fase, infatti, passa circa un terzo del suo tempo a nutrirsi mentre il resto lo trascorre dormendo.

Età di transizione (dai 15 ai 25 giorni circa) Inizia la capacità del cucciolo di percepire gli stimoli esterni, grazie alla maturazione dei suoi organi di senso. Aumenta anche la sua indipendenza dalla madre e si rinforza il suo legame con gli altri membri della cucciolata (si possono osservare i primi timidi tentativi di gioco tra fratelli).

Età della socializzazione (dai 25 giorni ai 2 mesi e mezzo) È il periodo più importante per lo sviluppo sociale del cucciolo e aumentano, soprattutto sotto forma di gioco, i suoi rapporti con altri cani e con l'uomo. Le esperienze vissute in questo periodo segnano la personalità del cane e possono avere conseguenze sul suo comportamento da adulto. Si sviluppa la dentatura e con essa l'assunzione di cibi solidi. Inizia così il periodo di svezzamento, con la madre che si allontana (per periodi progressivamente più lunghi) dalla cucciolata, arrivando a volte ad assumere comportamenti aggressivi con i piccoli che cercassero ancora di succhiare il latte.

Età giovanile (dai 2 mesi e mezzo ai 6 mesi) Restano sostanzialmente invariati gli schemi comportamentali e la predominanza dell'attività giocosa, ma aumenta in maniera considerevole la capacità motoria e con essa l'attività di esplorazione del territorio.
Si sviluppa contemporaneamente il meccanismo di dominanza e sottomissione, e con esso l'aggressività, e si stabiliscono le relazioni gerarchiche tra cuccioli, o tra il cucciolo e gli individui che lo circondano.

Vita sociale

Per una corretta convivenza è indispensabile conoscere i motivi che spingono un cane ad assumere tutta una serie di atteggiamenti che il più delle volte sono rituali – propri anche dei branchi di lupi – cui non saprebbe rinunciare se non snaturando la sua identità. Esporremo quindi, in sintesi, i principali atteggiamenti tipici dei cani, volti principalmente alla comunicazione e all'affermazione delle loro necessità primarie.

Vita di branco La gran parte degli studiosi, da Darwin a Lorenz, sono convinti che i progenitori del cane come noi lo conosciamo oggi, siano stati più di uno, e che tra questi vi sia senz'altro il lupo anche perché sono state riscontrate parecchie analogie, sia nel comportamento sia nelle abitudini sociali. Il lupo è un animale predatore, che vive in branchi dalla complessa organizzazione sociale, ciascuno dei quali occupa e difende un determinato territorio di fondamentale importanza per la sopravvivenza del gruppo. Il branco di lupi consiste in una comunità di individui, solitamente imparentati e di varie età, la cui vita è regolata da una rigida gerarchia di dominanza, molto simile al concetto di organizzazione feudale del nostro Medioevo.

Vivere in branco può però presentare lati negativi, il principale dei quali è che solo il maschio e la femmina dominanti hanno il diritto di riprodursi; i giovani individui per accoppiarsi devono "accaparrarsi" una femmina lottando con un capobranco e prendendo il suo posto, oppure trovare una lupa isolata disponibile. Per fare questo sono inevitabilmente costretti a uscire dal branco andando così a formare, con la nascita della prole, un nuovo branco. Nonostante tutto, comunque, i vantaggi della vita di branco superano gli svantaggi: in gruppo è possibile difendersi più facilmente dai potenziali predatori; si controlla un territorio tanto più vasto quanto più il branco è numeroso; è possibile cacciare un numero di prede proporzionale alla grandezza del branco. Il branco è insomma un tutt'uno, variamente articolato, il cui scopo

comune è la sopravvivenza nelle condizioni migliori. Tutti quanti collaborano alla cura della prole, garantendo così la perpetuazione di un determinato insieme di consanguinei; tutti quanti partecipano alla delimitazione e alla difesa del territorio e cooperano alla caccia, in modo da rendere possibile anche la cattura di mammiferi di grossa taglia, prede altrimenti impossibili da cacciare per un unico animale.

LA COMUNICAZIONE

L'equilibrio del sistema sociale del branco si basa sul rispetto della sua gerarchia e questo è possibile se le tecniche di comunicazione degli individui che ne fanno parte sono efficaci. Per comunicare il cane utilizza principalmente tre canali: messaggi della voce, messaggi del corpo, messaggi olfattivi.

Comunicare con la voce La voce viene utilizzata per comunicare con gli altri individui a grande distanza (abbaio e ululato) e a distanza ravvicinata (uggiolato, guaito e ringhio).

- *L'abbaio* È il verso caratteristico del cane. Viene usato per segnalare pericolo (per esempio quando fa la guardia) o per attirare l'attenzione (segnalare felicità, disappunto, agitazione ecc.).

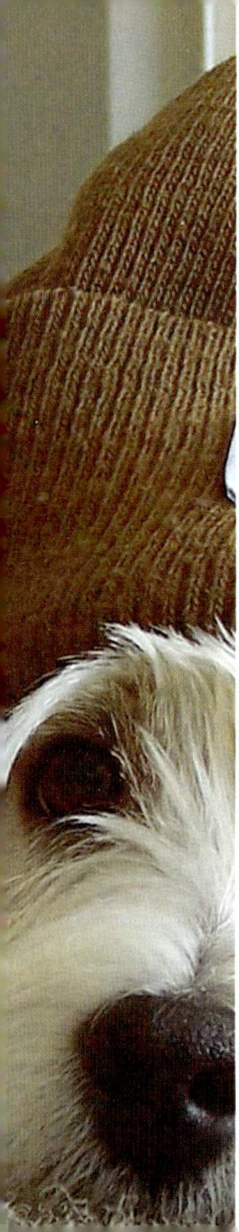

- *L'ululato* Viene utilizzato raramente dal cane, molto usato invece dai lupi per mantenere il contatto con altri individui del proprio branco, per comunicare la propria presenza, radunare assemblee, scoraggiare gli invasori e sincronizzare i tempi di caccia sul territorio. Il cane ulula raramente, se viene lasciato solo a lungo, per esempio, oppure quando è attratto da una femmina. Altre volte i cani ululano per spirito di corpo, e cioè in risposta e accompagnamento agli ululati di altri cani vicini, in un atteggiamento molto simile a quello appena citato dei lupi.
- *L'uggiolato* È un verso che serve per richiamare l'attenzione su uno stato di malessere, di irrequietezza o di inferiorità; oppure viene usato per chiedere, per esprimere il bisogno o il desiderio di qualcosa. In questo senso è tipico soprattutto dei cuccioli ed è assimilabile al piagnucolio dei bambini.
- *Il guaito* È una manifestazione di dolore, fisico o emotivo, oppure di paura. Anch'esso è tipico del cucciolo, e non soltanto perché è la sua unica difesa. Viene anche usato per dimostrare sottomissione.
- *Il ringhio* Viene usato dal cane per minacciare, e comunque per comunicare intenzioni non proprio amichevoli. Generalmente costituisce un avvertimento prima di passare alle vie di fatto.

Comunicare con il corpo Questo tipo di comunicazione si realizza attraverso l'osservazione delle posture del corpo e della mimica facciale degli altri individui, in relazione comunque principalmente a quattro messaggi: la dominanza, l'aggressività, la paura, la sottomissione.

- *La mimica facciale* È uno dei principali mezzi espressivi che il cane utilizza per manifestare i suoi stati d'animo e le sue più immediate intenzioni. Un cane rilassato non ha alcuna espressione particolare: anche se non dorme tiene gli occhi semichiusi e gli orecchi eretti. Se è interessato a qualcosa, anche solo un rumore lontano o il volo di una mosca, porta gli orecchi alti (per quanto la loro morfologia possa permetterlo), tiene gli occhi bene aperti e il collo eretto. Nel momento in cui il semplice interesse si trasforma in allarme, il cane si alzerà per controllare tutt'intorno e – nel caso gli sembri il caso di difendere il suo territorio, il suo padrone, i suoi cuccioli o anche solo il suo osso – le espressioni diventano aggressive per indicare minaccia, e sono accompagnate dal ringhio: il cane scopre i denti arricciando le labbra, con intenzioni intimidatorie, il pelo del dorso si alza, spesso abbaia furiosamente, soprattutto se un ostacolo (come un'inferriata o un cancello) lo separa da chi lo vuole minacciare. Nel momento in cui invece decida di passare alle vie di fatto, le labbra si arricciano per scopri-

re ancora di più i denti, il ringhio diventa particolarmente profondo e spaventoso, gli orecchi vengono abbassati indietro. Mano a mano che cresce la tensione tutta l'espressione si trasfigura: gli occhi diventano due fessure e i denti vengono sempre più scoperti, il pelo della schiena si alza ancora di più: se ciò non basta a far sottomettere o desistere l'avversario si passa allo scontro fisico vero e proprio.
Il cane che si sottomette tiene testa, coda e orecchi bassi e si sdraia sul dorso divaricando gli arti posteriori per esporre le zone più delicate del corpo all'ispezione del dominante; alcuni cani, come gesto di sottomissione emotiva, arrivano addirittura all'urinazione sottomissiva.

Comunicare con gli odori Sembra che, a causa della forzata distorsione di determinate caratteristiche fisiche per via della selezione (orecchi lunghi e pendenti o tagliati, coda mozzata, corpo esageratamente allungato ecc.), i cani domestici utilizzino meno dei lupi o degli altri canidi il linguaggio del corpo e che quindi si affidino con più frequenza ai messaggi olfattivi.
Questi hanno il vantaggio di permanere nell'aria a lungo e inoltre risultano particolarmente utili nelle zone a fitta vegetazione o nelle quali sia comunque ardua un'immediata visibilità per la comunicazione visiva. Si possono riconosce-

re due tipi di comunicazione olfattiva: attraverso la deposizione di urina e feci, o attraverso l'odore generale che il cane si porta addosso, principalmente dovuto alle secrezioni ghiandolari.

Feci e urine Vengono utilizzate da tutti i canidi, e dagli animali selvatici in genere, per "marcare", cioè per far conoscere – attraverso la deposizione di feci, urine o secrezioni ghiandolari – agli altri animali i confini del loro territorio o lo stato sociale del loro autore. Osservazioni compiute nei parchi pubblici hanno dimostrato che in molti casi i cani defecano più frequentemente quando non sono al guinzaglio e quando i loro padroni non sono presenti, sebbene non sia ancora ben chiara la motivazione di questo comportamento, né se esso possa costituire una regola allargabile a tutti i cani.

Uno dei comportamenti più riconoscibili dei cani è l'alzar la zampa durante l'urinazione; un cane dominante, inoltre, alza la zampa molto più spesso di un cane subordinato, e può succedere che anche una femmina possa comportarsi in questo modo. Comunque un cane può alzare la zampa anche senza urinare e non è ben chiaro se questo atteggiamento rappresenti un'ostentazione di dominanza nei confronti di altri cani presenti. Un altro comportamento tipico è la sovramarcazione sull'urina di un altro cane, che ha lo scopo di eliminare o mascherare odori estranei. Potrà capitarvi, inoltre di osservare come spesso il cane raspi con le zampe posteriori la porzione di terreno appena marcata dalle feci o dall'urina; questa azione potrebbe avere molteplici significati: quello di spargere all'intorno il proprio odore, oppure quello di rilasciare, attraverso le ghiandole sudoripare poste nella zona dei polpastrelli ulteriori tracce odorose, o ancora di aggiungere la segnalazione visiva del terreno smosso alla segnalazione olfattiva lasciata con gli escrementi.

- *Altri tipi di odori* Si intendono in questo caso tutte quelle segnalazioni emanate dai cani grazie a delle secrezioni provenienti da particolari ghiandole della pelle che sono generalmente situate sulla faccia, sulla coda, tra i polpastrelli, nella zona perianale e anale.

Le secrezioni ghiandolari anali hanno principalmente due funzioni: di rinforzare le marcature territoriali attraverso secrezioni volontarie di tipo oleoso, di solito in risposta all'invasione del territorio da parte di intrusi. Altre volte vengono emesse indipendentemente dalla deposizione di feci, solitamente quando l'animale è sotto stress o impaurito. Altri odori di tipo generale vengono emessi dalle ghiandole della pelle, che producono secrezioni oleose, e dalle ghiandole sudoripare, che producono secrezioni acquose.

In generale possiamo dire che le secrezioni ghiandolari vengono emesse per comunicare il proprio stato sociale, sessuale o emotivo. Per fare un esempio pratico, due cani che si incontrano per la prima volta mettono in atto tutta una serie di comportamenti rituali, volti all'ispezione olfattiva principalmente della zona della testa, dell'ano e dei genitali: le femmine di solito, indipendentemente dal sesso dell'altro individuo, ispezionano la zona della testa, i maschi quella posteriore; inoltre, soprattutto se si tratta di soggetti dominanti, il cane ispezionerà l'altro individuo cercando nel contempo di limitare il più possibile di esporsi all'esame olfattivo dell'altro (a meno che non si tratti di una femmina in calore e di un maschio; in questo caso la prima permetterà al maschio di ispezionarle la regione anale).

GLI ISTINTI

Vi sono nei cani dei comportamenti innati, istintivi, che si presentano in modo più o meno accentuato a seconda della razza di appartenenza. Per esempio, alcuni, come i pointer, "puntano" anche senza che questo atteggiamento gli venga insegnato con l'addestramento; altri, come i pastori, sono soliti radunare i branchi e tendono a farlo anche con le persone (soprattutto con i bambini).

La difesa del padrone Per il cane il padrone è il capobranco e perciò quello che va bene al padrone va bene anche a lui. Se perciò avete un atteggiamento amichevole con una persona anche il cane starà tranquillo, se al contrario mostrerete un atteggiamento aggressivo l'animale prenderà le vostre parti. Lo stesso vale per il territorio in cui vive, che per il cane andrà difeso da ogni estraneo. È perciò buona norma presentare al cane tutte le persone che entrano in casa per la prima volta e in particolare quelle che potrebbero entrare anche in vostra assenza, quali postini, portinai, addetti alle pulizie e simili.

L'aggressività Una certa dose di aggressività è normale nei cani e si distingue in aggressività da paura e aggressività dominante, determinata cioè dal desiderio di imporsi. Per vincere l'aggressività da paura è opportuno mettersi con il cucciolo vicino alle cose che lo spaventano, mostrandogli l'innocuità della presunta fonte di pericolo. Nel fare questo gli parlerete con calma e lo loderete quando non mostra segni di aggressione. L'aggressività da dominanza può essere evitata abituando il vostro cucciolo fin da piccolo a essere dominato da voi e dai membri della famiglia. Per fare questo prendete il cane per la collottola o abituatelo ad accettare di farsi mettere a pancia all'aria da voi: poiché

questi sono i segnali di sottomissione tra cani adulti, apprenderà presto la gerarchia esistente nel particolare branco che è la vostra famiglia e accetterà il suo ruolo sottomesso.

IL CANE E L'UOMO

È inevitabile che, parlando del comportamento del cane e del rapporto che lo lega a noi, si finisca immancabilmente per affrontare interrogativi del tipo: il mio cane è intelligente? e quanto?; il cane (e gli animali in senso lato) possiede una coscienza?; prova sentimenti ed emozioni?; mi ama? e se sì perché? In effetti non esistono studi scientifici che diano risposte inconfutabili a questi interrogativi, ma solo ipotesi e considerazioni basate sull'osservazione del comportamento degli animali.

Il più fedele amico dell'uomo Non è un luogo comune che il cane sia il migliore amico dell'uomo, i fatti e la storia ce l'hanno dimostrato. Che sia un amico fedele è indubbio, senza bisogno di elencare i numerosi episodi d'eroismo e abnegazione che l'hanno visto protagonista. Ma è anche un amico sensibile e intuitivo, capace di indovinare i nostri stati d'animo all'istante e di adattarvisi; capace di sguardi così pieni d'amore e di fiducia che sembra impossibile non

lasciarsene conquistare; capace inoltre di atti di coraggio estremo, al punto – ed è successo spesso – da sacrificare la sua stessa vita per l'uomo...
Ma a cosa è dovuto questo grande attaccamento? A cosa dobbiamo questo amore incondizionato? E come ricambiarlo nel modo migliore? I cani domestici trascorrono gran parte del loro tempo in compagnia dell'uomo, senza la possibilità di avere contatti sociali continuativi con i loro consimili. La domesticazione in effetti ha semplicemente fatto sì che il cane si sia abituato a considerare gli esseri umani come appartenenti alla sua stessa specie e la famiglia con la quale abitano come il loro branco di appartenenza.
È necessario innanzitutto sottolineare che un cane presenta la fondamentale esigenza non solo di fare parte di un branco, ma di avere un capobranco, cioè un individuo predominante che sia in grado di comprenderlo e di comportarsi nei suoi confronti con giustizia (dal punto di vista canino, s'intende). Quanto più saremo "giusti" e costanti nel rapporto con il nostro compagno a quattro zampe, tanto più egli saprà ricambiarci con una dedizione e un affetto tali da stupire anche il cuore umano più duro e coriaceo.

Istinto e coscienza Il cane non è una cosa inanimata, è dotato di grande cuore, sentimenti, emozioni, è un essere viven-

te e pensante, capace di donare molto più di quanto non riceva in cambio. Per di più è fondamentalmente indifeso nei nostri confronti. Tutto ciò era un fatto risaputo già dai nostri più antichi progenitori, che avevano istituito leggi particolarmente severe (già al tempo degli Egizi) contro chi maltrattava animali come il cane e il gatto, e che nei casi più gravi prevedevano addirittura la pena di morte.
Senza arrivare a tanto, basterebbe garantire al nostro amico a quattro zampe quel minimo di sicurezza e di comfort che è loro necessario e quel tanto di lealtà sufficiente a rendere equilibrato il nostro rapporto con lui.
Spesso, purtroppo, gli uomini hanno deluso queste aspettative, comportandosi in modo a dir poco crudele in risposta a tanta lealtà, con episodi che fanno parte della cronaca quotidiana e che possono andare dalle sevizie fisiche, alla malnutrizione, all'abbandono sulle strade ecc.
A cosa è dovuta tanta insensibile crudeltà da parte dell'uomo? Difficile trovare una risposta a questa domanda, in quanto si tratta visibilmente di un comportamento innaturale, non solo dal punto di vista canino. Forse è dovuto al fatto che per secoli l'uomo ha continuato cocciutamente a considerare i cani, e gli animali in genere, come esseri privi di anima e di emozioni, come delle "cose" incapaci di provare sentimenti, utili finché erano in grado di svolgere

un determinato compito, altrimenti puri e semplici fastidi da eliminare. Attribuire a un animale coscienza, sentimenti ed emozioni viene da molti considerato come un tentativo di antropomorfizzare il mondo che ci circonda, visto che tutt'oggi molti sono convinti che la coscienza e il saper formulare ragionamenti, provare emozioni e sentimenti sia appannaggio esclusivo dell'essere umano.
Ai nostri occhi, e anche di parecchi etologi contemporanei, questa è una vera e propria falsità, per di più senza basi scientifiche: è stato grazie all'evoluzione che gli uomini sono diventati quello che sono, hanno cioè affinato ragionamenti e pensieri, messo alla prova i loro sentimenti arrivando, grazie anche all'interazione sociale, a sviluppare una coscienza. Pensieri ed emozioni hanno cioè un valore evoluzionistico: gli istinti primigeni, alla prova delle esperienze, si affinano attraverso l'intelligenza, diventano ragionamento e questo porta la mente a formulare dei pensieri che permettono l'analisi della realtà e la soluzione di problemi via via più complessi.
Questo meccanismo è valido anche per gli animali. Nel corso dell'evoluzione la creazione di regole del vivere sociale (nella comunità umana come nel branco di lupi), l'adozione di comportamenti dettati dall'esperienza, l'attaccamento a determinati individui, l'esigenza del perpetuarsi della

specie nelle condizioni migliori unite alla sperimentazione diretta di emozioni positive e negative e alla capacità di adattamento alle situazioni più diverse, hanno favorito l'adozione di un'etica comportamentale che, tramandata attraverso il DNA, è diventata parte di una determinata specie. Si tratta di qualcosa di più del semplice istinto di sopravvivenza e che molto si avvicina al concetto di coscienza il quale appartiene non solo agli uomini, ma anche a tutti gli altri esseri viventi più evoluti, anch'essi senzienti, con un cervello ben sviluppato e un cuore pieno di emozioni.

Ma sarà amore vero? Definire vero e proprio amore il particolare legame che unisce un cane al suo compagno umano non è, secondo noi, azzardato, visto che comunque è assai difficile dare una spiegazione di questo concetto così inafferrabile e soggettivo, ma nonostante tutto assolutamente universale e a buona ragione tradizionalmente associato a madre Natura e all'armonia delle cose. Citando il vocabolario si definisce amore la «dedizione appassionata ed esclusiva, istintiva e intuitiva, volta ad assicurare reciproca felicità o benessere»... Non è forse ciò che un cane prova per il suo "proprietario"?
Perché il cane ama così tanto l'uomo? Come abbiamo già accennato, il cane discende dal lupo, è cioè un animale

di branco. Inoltre, nel corso dei secoli ha adottato il nostro mondo come habitat naturale. Le esperienze e l'osservazione poi, gli hanno fatto capire che noi ci sappiamo muovere meglio di lui all'interno di questo ambiente, al punto da averlo forgiato per le nostre esigenze. Siamo, insomma più potenti e superiori a lui, non per niente ci siamo meritati il titolo di capobranco. Il cane ha cioè capito quanto siamo essenziali alla sopravvivenza della sua specie, cosicché, in molti casi, il puro e semplice rapporto d'affetto si trasforma in vera e propria venerazione: certi cani considerano il loro compagno umano alla stregua di un dio, al punto che vivono per lui. Un cane ha inoltre più bisogno di noi di quanto noi ne abbiamo di lui (il gran numero di episodi di crudeltà di cui abbiamo parlato poco fa ne è una efficace dimostrazione), ci crede onnipotenti e come noi troviamo a volte misteriose e iperscrutabili le "vie del Signore" ma siamo comunque disposti ad accettarle – non avendo spesso altra scelta – così anche i nostri comportamenti ai cani appaiono il più delle volte incomprensibili o perlomeno strampalati, ma vi si adeguano, visto che non possono fare diversamente.

L'intelligenza Darwin considerava gli animali domestici come soggetti favoriti per lo studio delle capacità mentali e, ana-

lizzando il numero di parole e frasi (umane) che i cani sono in grado di apprendere e distinguere, era giunto alla conclusione che la loro padronanza del linguaggio era paragonabile a quella di un bimbo di un anno. Morgan (che nell'Ottocento studiò il comportamento animale) rimproverava i suoi terrier – che non erano stati in grado di far passare un lungo bastone attraverso uno stretto tubo – perché non avevano voluto impegnarsi a fondo. Ciò dimostra come sia facile farsi delle opinioni sbagliate sulle capacità intellettive degli animali. Infatti, non solo siamo portati a confondere le capacità mentali con l'addestrabilità, che sono invece due concetti assai differenti, ma – per assurdo – è come se chiedessimo a un bambino di un anno di apprendere il linguaggio dei cani, o almeno una parte di esso, quando noi stessi adulti non siamo in grado di farlo.
Più recentemente gli psicologi si sono divisi in due correnti fondamentali. Una di queste ha un tipo di approccio evoluzionistico, che si basa principalmente sulla misurazione delle dimensioni del cervello, anche se il cervello degli animali è organizzato diversamente, a seconda delle specie. In particolare hanno potuto dimostrare che l'EQ (quoziente di encefalizzazione) dei canidi è superiore del 38% rispetto a quello dei felidi; i cani e i lupi, inoltre, hanno una corteccia prefrontale particolarmente sviluppata, correlata mol-

to probabilmente al complesso sistema sociale che regola la loro vita. La seconda corrente, invece, ha un approccio di tipo ecologico, che definisce l'intelligenza in termini di capacità che gli animali hanno di adattarsi alle diverse situazioni e ai mutamenti improvvisi che possano intervenire nel loro habitat. In quest'ultimo caso i cani in particolare dimostrerebbero di avere una serie di "capacità ecologiche aggiuntive" (cioè di sapere elaborare concetti di quantità, somiglianza, differenza, e di formulare vere e proprie deduzioni intuitive e logiche) molto particolari, visto che proprio grazie alla loro grande adattabilità sono riusciti a trasformare l'habitat umano nel loro proprio habitat.

In realtà molti degli aspetti cognitivi dei cani restano in gran parte inesplorati, e i cani – per quanto ne sappiamo a tutt'oggi – potrebbero possedere capacità mentali assai superiori e complesse di quelle che gli studiosi sono stati finora in grado di riconoscere e misurare.

Il cane è un gentiluomo. Spero di andare nel suo Paradiso, non in quello degli uomini.

Mark Twain

Un cucciolo in casa

L'arrivo in famiglia della "cara bestiola", oltre a un'immensa felicità, vi procurerà sicuramente anche qualche problema, soprattutto se non avete mai prima convissuto con un cane. La scelta di far entrare nella nostra vita un cane deve quindi essere valutata attentamente e, soprattutto, condivisa con tutti i membri della famiglia. L'allevamento di un cane comporta infatti un certo impegno e necessita, inoltre, di alcune rinunce e del cambiamento di talune abitudini.

Prima di fare il grande passo è quindi opportuno porsi alcune domande e riflettere su alcuni punti.

Avete del tempo libero da dedicare al cane? Dovrete fare in modo di dedicare quotidianamente del tempo alle sue passeggiate, alla sua cura, ai suoi giochi, e anche solo a fargli compagnia.

Avete abbastanza pazienza? Soprattutto nel primo periodo, durante il quale il cucciolo non ha ancora acquisito un ritmo regolare nello sporcare e quindi, inevitabilmente, lo fa-

rà in casa. Tenete presente poi che un cucciolo è curioso, è irruente, non ha il senso della misura...

Avete qualcuno cui affidarlo durante le vostre assenze? Non vi sarà sempre possibile portare il cane con voi in vacanza, durante i week end, per assenze di lavoro ecc. Dovete quindi essere sicuri di avere persone corrette cui affidarlo. Anche se siete fuori tutto il giorno e non disponete di un giardino dovete preoccuparvi di trovare qualcuno che lo faccia uscire.

Pensate di riuscire a sopportare peli in giro per la casa e la macchina? I cani, soprattutto se a pelo lungo, perdono continuamente pelo, in particolare nelle mezze stagioni. I peli irrimediabilmente si depositeranno su divani e poltrone, in macchina e sui vostri vestiti.

Siete preparati al rischio di vedere rovinati mobili, scarpe o vestiti? Il cucciolo durante il periodo di dentizione usa farsi i denti sugli oggetti più disparati. Particolarmente apprezzati per questo scopo sono scarpe e borse, gambe e spigoli dei mobili, maglioni e coperte.

In casa sono tutti convinti della scelta di avere un cane? Un cucciolo è un affare di famiglia, in quanto tutti ne vengono coinvolti. È pertanto opportuno che tutti i familiari abbiano risposto sì alle domande appena presentate e che tutti siano convinti che allevare un cane non è solo un divertimento.

AL MOMENTO DELL'ARRIVO

Innanzitutto tenete presente che sicuramente il cucciolo sarà intimorito da tutto ciò che lo circonda: lasciatelo quindi libero di esplorare la casa e il giardino (pur tenendolo sotto controllo) affinché si senta più sicuro del nuovo mondo che lo circonda. In questi primi momenti, tenetelo il più possibile vicino a voi, poiché il contatto del vostro corpo gli trasmetteranno sicurezza e gli ricorderanno il calore della mamma e dei fratellini di cucciolata. Soprattutto è importante che il cucciolo non venga lasciato solo per troppo tempo: il cane (come abbiamo già spiegato nei capitoli precedenti), è un animale da branco e soffre molto l'isolamento e la solitudine.

Non assordatelo con rumori molesti e, se avete bambini, non permettete che lo strapazzino; insegnate loro da subito qual è il comportamento corretto da tenere con un animale e cercate di trattenere il loro entusiasmo. Quando vi rivolgete al cucciolo parlategli piano, in tono carezzevole. Quando lo prendete in braccio, sostenetelo con una mano sotto il posteriore e una sotto il petto. Se il cucciolo è molto piccolo (tra le 5 e le 6 settimane) provocherà senz'altro qualche guaio e sporcherà in casa: non è necessario che lo sgridiate, né che lo picchiate, né tantomeno che gli stro-

finiate il muso sul malfatto. Tenete infatti presente che a questa età il cucciolo non possiede ancora il controllo degli stimoli e una reazione violenta da parte vostra provocherebbe solo timore e paura nei vostri confronti, compromettendo il futuro rapporto. Al cucciolo va insegnato come com portarsi correttamente in modo equilibrato e con un linguaggio a lui comprensibile (vedi capitolo sull'educazione e l'addestramento). Se avete altri animali, è opportuno che la conoscenza reciproca venga fatta sotto discreta sorveglianza. I cani adulti, soprattutto i maschi, hanno la tendenza a irritarsi per la presenza di nuovi animali. Più facile l'accettazione di un cucciolo da parte dei gatti, contrariamente a quello che comunemente si pensa; il gatto tenderà eventualmente a passare più tempo fuori casa sinché non avrà completamente accettato il nuovo arrivato. Soltanto quando si sarà completamente ambientato nella nuova famiglia e nella casa potrete portarlo a spasso, così che socializzi anche con altre persone, altri animali e con il mondo esterno (accettando in questa fase il vostro controllo).

ALCUNE PRECAUZIONI

Se avete deciso di accogliere un cucciolo in casa, dovete adottare alcune precauzioni che eviteranno spiacevoli in-

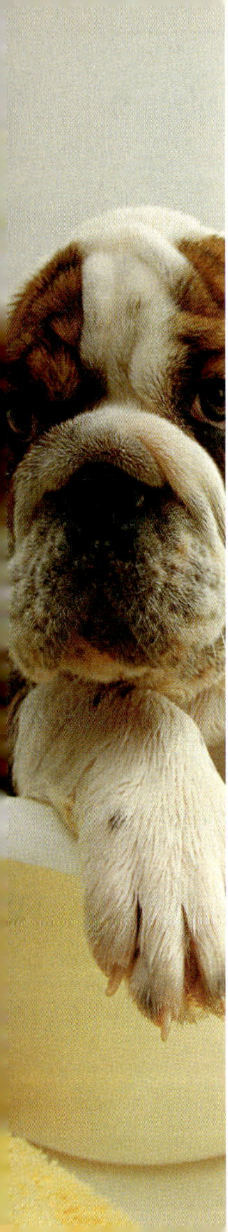

convenienti. L'elenco di seguito presentato può spaventare, ma vi renderete facilmente conto che si tratta soltanto di lievi modificazioni nella vita familiare, che non richiedono alcun particolare sacrificio (tra l'altro si tratta di accorgimenti già probabilmente adottati se in casa è presente anche un bimbo).

Dentro casa Considerate che il cucciolo si comporta esattamente come un bambino piccolo: è curioso, non ha il senso del pericolo e, se non controllato, riesce facilmente a ficcarsi in un mare di guai. Quindi, fate attenzione ai chiodi sporgenti, ai fili elettrici scoperti e ai cavi del telefono (i cuccioli li trovano gustosissimi da rosicchiare). Non lasciate aperto lo sgabuzzino con prodotti per la pulizia della casa, con medicinali o con attrezzatura pericolosa. Non lasciate alla sua portata oggetti o suppellettili che possa tirarsi addosso. Se viene lasciato solo evitate che possa salire sui cuscini del divano, che possa impossessarsi delle vostre scarpe e dei vostri vestiti. Fate attenzione che non possa precipitare da davanzali, balconi, terrazze o, addirittura, dalla tromba delle scale.

In giardino Evitate di lasciare aperti i tombini per l'irrigazione. Controllate che la rete di recinzione sia solida e che non presenti aperture nelle quali il cucciolo riesca a infilarsi (il cucciolo di cane è molto più piccolo ed elastico di un bambino e riesce a infilarsi in buchi impensabili); verificate che il cane non riesca a passare attraverso le sbarre del cancello o al di sotto. Coprite lo stagno dei pesci rossi, almeno finché il cane è molto piccolo. Controllate che la voliera degli uccellini sia ben solida e stabile. Non lasciate aperto il garage (sicuramente può essere un territorio di scoperta particolarmente soddisfacente) o il cancello dell'orto (i cani adorano seppellire i loro tesori nella terra appena zappata). Evitate che decida di integrare la sua dieta con scorpacciate di concime (prediligono soprattutto il letame fresco di cavallo o di bovino, ma non disdegnano la lettiera sporca dei gatti). Riponete sempre al loro posto e ben chiusi gli attrezzi da giardinaggio. Non lasciate in giro topicidi, pesticidi e diserbanti. Un'ultima considerazione: attenzione anche alla presenza, in giardino, di alcune piante che risultano tossiche se ingerite (bulbose, oleandro, vischio, azalea, edera, tasso ecc.).

LA "SUA" CASA

La sistemazione migliore per il cane, sia esso cucciolo o adulto, è quella di potere avere uno spazio che sia tutto "suo".

La cuccia all'esterno Se possediamo un giardino sarà possibile costruire un ampio recinto, in un luogo asciutto, non esposto a correnti d'aria, dal quale il cane abbia però la possibilità di uscire per fare il movimento necessario, per distrarsi o per stare in vostra compagnia.
Il recinto deve essere chiuso sui quattro lati da una rete metallica o plastificata robusta e abbastanza alta, sostenuta da un'intelaiatura in legno trattato o in metallo. Per precauzione la rete di recinzione deve essere interrata almeno di 20-30 cm, oppure cementata in un muretto di 15 cm circa d'altezza, in modo che il cane non possa scavare al di sotto. Il recinto deve prevedere una comoda porta d'accesso con chiusura robusta ed essere almeno per metà ombreggiato con una tettoia o con piante. Un pavimento leggermente inclinato verso l'uscita faciliterà la pulizia e il deflusso di acqua e liquami in direzione di una grata di scolo. Il materiale migliore per la pavimentazione è il mattone o il cemento. In fondo al recinto – possibilmente nella parte ombreggiata – va posta la cuccia: molto grande e divisa in due scomparti (uno per la notte più riparato e uno per il giorno sul davanti), deve essere rialzata da terra e con il tetto apribile per facilitare la pulizia dell'interno.
L'ideale sarebbe costruire in fondo al recinto un vero e proprio box in legno trattato, che abbia sul lato frontale una fi-

nestra a compasso per il ricambio d'aria e l'apertura d'accesso, una base in cemento che lo sollevi da terra e la pavimentazione in gomma antiscivolo.
All'interno vi si potrà collocare una brandina per cani (reperibili in commercio in diverse misure), oppure costruire un vero e proprio reparto-notte sistemando sul fondo una grande base di legno pieno alta 20 cm, larga come il box e lunga un terzo della parete di fondo, su cui verrà sistemato un comodissimo trapuntino delle stesse dimensioni della base di legno, sfoderabile e lavabile. Il cane va gradualmente abituato a passare periodi più o meno lunghi nel recinto. Non è consigliabile rinchiudervelo però tutto il giorno e tutta la notte: ciò risulterebbe controproducente per la sua salute fisica e psichica.

La cuccia in casa Se non siete così fortunati da possedere un giardino, o se la vostra scelta è caduta su dei cani di taglia piccola o da compagnia, dovete organizzare in casa, in una stanza non molto frequentata, il suo posto personale. Ricordate che l'avere un luogo tutto suo, in cui non può essere disturbato, trasmette al cane sicurezza e senso di protezione.
Per i primi tempi, può essere sufficiente una scatola di cartone sul davanti della quale ricavare un'apertura e sul cui

fondo distribuirete dei fogli di giornale. All'interno mettete uno dei suoi giochi, una coperta morbida o un trapuntino ed eventualmente anche un maglione vecchio o qualche altro indumento con il vostro odore, cosa che lo renderà sicuramente felice. Questo luogo deve essere assolutamente privato: non tiratelo fuori a forza dal suo angolo e non permettete che i bambini vadano a stuzzicarlo durante i momenti di relax. Quando si comporta male non sgridatelo mandandolo a cuccia: assocerebbe il suo angolo a un luogo di punizione piuttosto che a un posto piacevole in cui riposare. Più avanti, quando il cucciolo avrà completato il periodo della dentizione (e quindi avrà una minore tendenza a masticare ogni cosa) potrete pensare a una cuccia più robusta e/o scegliere una delle tante proposte in commercio: brandine, cesti aperti su un lato, di vimini o plastica che abbiano l'interno imbottito (con cuscini e imbottiture sfoderabili così da poterle comodamente togliere e lavare).

IL CORREDO UTILE

Dal momento in cui decidete di accogliere in casa un amico a quattro zampe, dovete iniziare a procurarvi un corredo di base che deve comprendere gli accessori indispensabili per la cura e il divertimento del vostro cane.

Le ciotole Avrete bisogno di due ciotole: una per l'acqua e una per il cibo. La ciotola dell'acqua dovrà essere sempre piena e disponibile; mettetela quindi in un luogo appartato ma facilmente raggiungibile. È consigliabile predisporre un tappetino di gomma sotto la ciotola per evitare che il cane "lappando" bagni in giro (ciò può essere utile anche per la ciotola del cibo, così che eventuali residui non sporchino il pavimento).
In commercio si trovano un'infinità di tipi di ciotole, di ogni dimensione e colore. Tra tutte, probabilmente quelle in acciaio inossidabile sono le più facili da pulire, mentre quelle con il bordo rialzato sono utili per evitare che le lunghe orecchie di certe razze finiscano nel cibo.

I giochi Tra i tanti giochi per cani acquistabili nei negozi specializzati, sicuramente i più utili sono quelli in cuoio o in budello (spesso a forma di osso o pallina), che possono essere masticati. Ciò procura sollievo al cucciolo durante il periodo della dentizione (e riduce il rischio per le vostre scarpe). Abbiate però l'accortezza di prenderli di una misura adatta alla bocca del vostro cane (quindi non molto grossi, trattandosi di cuccioli).
Anche palle e palline sono molto apprezzate dai cuccioli, che si divertono a inseguirle e a rilanciarle. Sono da evita-

re quelle in gomma morbida che in pochi secondi vengono distrutte a morsi (e la gomma viene ingerita) o quelle troppo piccole rispetto alla bocca del cane, che quindi il cucciolo potrebbe inghiottire rischiando di soffocare.

Pettini e spazzole Pulire e mantenere in ordine il pelo del cane è una pratica essenziale per la sua salute: due-tre volte la settimana per i cani a pelo corto e una volta al giorno per quelli a pelo lungo. Il momento della spazzolata poi, se introdotto presto nella vita del cucciolo, diverrà per lui un momento gradito, e quelle strane "carezze" consolideranno il rapporto tra voi e lui. Per la scelta dell'attrezzatura idonea (varia a seconda del tipo di mantello della razza prescelta) rimandiamo al capitolo sulla tolettatura.

Collari e guinzagli Ce ne sono di tutti i tipi e materiali, di cuoio, di nylon, di tessuto: vanno tutti bene, l'unica differenza è il prezzo (e i più costosi sono quelli in cuoio). Troverete molto pratici e comodi i guinzagli estensibili e le imbracature che fasciano il petto: eviterete di strattonare inutilmente il collo del cane, specialmente se è ancora cucciolo e – preso dalla foga della passeggiata e per la mancanza di addestramento adeguato – si mette a "tirare" come un disperato. Il collare che porta la medaglietta deve essere mor-

bido e non va legato eccessivamente stretto per non danneggiare le vie aeree; i collari a catena vanno bene per i cani di grossa taglia. Abituate il cucciolo a portare il collare fin da piccolo (8 settimane circa).

Pensate anche all'acquisto di una museruola (adatta alla taglia che avrà crescendo) da fargli indossare da adulto quando sarà necessario; alcuni cani sono molto restii a portarla, ma se fin da piccoli gliela farete vedere e accettare come fosse un gioco eviterete orribili e faticose lotte in seguito.

A volte si accomoderà sul tappeto fissandovi con occhi tanto teneri, affettuosi e umani da intenerirvi e sarà impossibile credere che lì non vi sia un'anima.

Theophile Gautier

Educare il cucciolo

La prima regola per allevare bene un cane è quella di instaurare fin dall'inizio, attraverso il gioco, un buon rapporto di amicizia con l'animale, dal quale dobbiamo farci capire per poi poterlo addestrare. Un'educazione corretta presuppone peraltro anche dei divieti, cioè dei comportamenti e delle zone "interdette" all'animale che vive in famiglia. Se la vostra educazione sarà ferma (che non significa violenta!) state certi che il cucciolo imparerà presto la lezione, poiché lo sviluppo psicofisico del cane avviene in tempi estremamente rapidi (in circa 10 mesi Fido assumerà le caratteristiche di un adulto).

Ricordate che l'educazione a regole di vita elementari è fondamentale per il mantenimento di buoni rapporti con i vicini di casa, per mantenere pulito l'ambiente familiare, per l'igiene dell'animale stesso, per conservare le nostre relazioni sociali anche con coloro che non amano i cani. È infatti un segno di civiltà e di buona educazione rispettare anche tutte quelle persone che istintivamente non amano gli animali; eventualmente sarà proprio il nostro comportamen-

to civile, e di conseguenza quello del nostro cane, a conquistare la loro simpatia. Ogni cane fa storia a sé, nel senso che manifesta un proprio carattere che si differenzia per tempra, temperamento, docilità, coraggio, curiosità, possessività, socievolezza ecc. Vi sono tuttavia alcuni elementi del carattere che sono comuni a tutti i soggetti e uno di questi è il rispetto della supremazia del capobranco, del leader (vedi capitolo sulla psicologia).
Il cane domestico identificherà in noi il suo capobranco se saremo capaci di imporgli la nostra autorità e il rispetto di alcune regole di civile convivenza. L'autorità riconosciuta in un padrone permetterà di allevare un cane obbediente, di conseguenza ben accettato da tutti.
Il padrone deve conquistare questo ruolo usando fermezza, pazienza e costanza, ma mai violenza, in modo da non intimorire l'animale e quindi renderlo pericoloso a causa di imprevedibili reazioni. Educare un cucciolo non è faccenda che si sbriga in un attimo, ma richiede un certo periodo di tempo affinché egli apprenda i comportamenti richiesti. Per il cucciolo è per esempio naturale sporcare quando ne ha bisogno, perciò l'addestramento al riguardo andrà eseguito con fermezza ma anche con dolcezza. Lasciarsi andare a reazioni violente anche solo a livello verbale potrebbe far sì che il cucciolo non solo non si senta accet-

tato ma addirittura sviluppi paura e diffidenza verso gli umani colpevoli, ai suoi occhi, di reazioni troppo forti per una cosa così naturale.
È indispensabile, inoltre, che tutti i membri della famiglia concordino sull'atteggiamento educativo da tenere. A nulla serve insegnare al cane che si mangia solo ai pasti regolari e che non si deve mendicare cibo se poi qualcuno, a tavola, gli allunga qualche avanzo. Anche per quanto riguarda gli ordini da dare al cane è molto meglio che siano identici per tutti i membri della famiglia: se qualcuno dice "qui!", qualcun altro "corri!" e qualcuno ancora "op, op!" è probabile che il nostro cucciolo faccia un po' di confusione e, perciò, sia più lento nell'apprendere.

IL RICHIAMO

Già abbiamo parlato di cosa comporta essere proprietari di un cane: secondo la legge siete responsabili di qualsiasi danno provocato dal vostro animale. È quindi fondamentale abituarlo al più presto a presentarsi al vostro fianco ogni qual volta lo richiamerete. Un soggetto che reagisce con gioia al proprio richiamo possiede inoltre già tutti i presupposti per rispondere positivamente agli stimoli di una scuola di addestramento.

Malgrado ciò, è opportuno comunque stare molto attenti quando si lascia libero il cane, poiché di fronte a un richiamo irrefrenabile (la presenza di un altro cane, una femmina in calore, dei bambini che giocano con la palla ecc.) anche se addestrato potrebbe non rispondere con immediatezza e provocare un incidente con danni incalcolabili. Il richiamo costituisce dunque un esercizio di obbedienza generale, peraltro molto utile, ma che non esonera il proprietario dalle sue responsabilità, per cui è bene mantenere l'animale al guinzaglio quando si frequentano zone pubbliche.

Fin dai primi giorni in cui il cucciolo vivrà a casa vostra vi capiterà spesso di gratificarlo con un bocconcino, con una coccola o con l'espressione "bravo", seguita dal suo nome. Chiamandolo frequentemente e in associazione a eventi o atteggiamenti positivi, avrete insegnato al cucciolo a distinguere il suo nome da altri termini e a correre verso di voi allegramente al richiamo.

Quando il vostro cane ha imparato il suo nome gli permetterete di allontanarsi a distanze sempre maggiori. Poi lo chiamerete, gratificandolo con bocconcini al suo arrivo. In altre circostanze vi limiterete ad accarezzarlo, poiché non dovrà associare il suo nome esclusivamente al cibo. L'ordine di richiamo per il cane dovrà significare "avvicinati".

Ecco perché è importante che quando lo rimproverate non si chiami il cane per nome, in quanto la punizione non dovrà mai essere associata al richiamo. Peraltro nel dare gli ordini non dovrete mai scordarvi che il cucciolone potrebbe essere distratto dal gioco o da altro per cui, anche se non vi obbedisce, porterete pazienza, cercando di comprendere le ragioni che lo hanno distolto dal comando.

QUALI PAROLE USARE

Il cane è in grado di comprendere il significato di un certo numero di parole, e perciò sarà possibile fargli apprendere una serie di esercizi da eseguire a comando. Le parole da usare con il cane devono però avere alcune caratteristiche: devono essere brevi, facilmente distinguibili le une dalle altre e sempre le stesse.

Devono essere brevi, altrimenti non sono comprensibili; se volete che posi qualcosa che ha in bocca gli direte perciò "lascia!" oppure "molla!" o anche solo "giù!", certamente non "posa a terra!".

Devono inoltre essere distinguibili, altrimenti rischia di fare confusione, e devono essere sempre le stesse, affinché si abitui ad associare un preciso comportamento a una determinata parola. Altrettanto importante è il tono di voce, che i cani sanno riconoscere perfettamente. Perciò rimproveri o ordini perentori vanno detti con tono secco ed esclamativo, mentre lodi, inviti al gioco e così via vanno dati con tono morbido e allungando le parole.

USO DEL "NO!"

Un secco, deciso e fermo "no!" sarà la prima lezione e il primo termine a comando che dovrà imparare il cucciolo già dai primi giorni. Con voce ferma e decisa esclamate "no!" se sporca nel posto sbagliato, se rosicchia qualche scarpa, una coperta o un mobile, se sale su poltrone o divani, se mette le zampe sul tavolo ecc.

Il comando "no!" deve risultare estremamente chiaro al cucciolo. Non esitate, se necessario, a usare un tono severo di rimprovero e dargli qualche colpetto sul muso se riuscite a coglierlo in fallo. Sorvolate invece sul misfatto se non eravate presenti quando è stato commesso.

Ancora, sgridate il cane se lo vedete prendere un oggetto a lui proibito, ma non chiamatelo verso di voi per poi punirlo. Il cucciolo deve infatti imparare a venire da voi con gioia perché lo coccolate, oppure perché gli date un bocconcino. Se lo chiamerete per punirlo, cercherà di evitarvi

DOG

nascondendosi, con conseguente fallimento del vostro tentativo di addestramento.

LE BUONE ABITUDINI

Nei primi mesi di vita il cucciolo cambierà anche tutti i denti. Il prurito delle gengive lo stimolerà a rosicchiare ogni cosa, con grave danno per mobili e tappeti. Mettetegli allora a disposizione nella cuccia una ciabatta, un osso di pelle di bufalo, una vecchia coperta o qualche altro giochino, affinché possa sfogare il suo malessere su oggetti di poco valore.

Se vi allontanerete da casa per un lungo periodo converrà rinchiuderlo in un'apposita stanza o in bagno. dove non potrà rosicchiare mobili, tende e divani. In alternativa è possibile acquistare una piccola recinzione mobile (reperibile in qualsiasi negozio specializzato in prodotti per animali) che posizionerete nello spazio circostante la cuccia. Non permettetegli di salire sul letto, poiché non vi liberereste più da questo vizio. Allo stesso modo non dovrete abituarlo a salire su divani e poltrone, dal momento che gli avrete assegnato una cuccia o una brandina per cani. Nel caso in cui non vogliate proibire le poltrone al vostro cane, è comunque consigliabile stabilire quale potrà usare a suo pia-

qualsiasi traccia dell'odore della pipì o delle feci. Il cane altrimenti ripeterà l'errore, poiché voi l'avete abituato a liberare le sue esigenze fisiologiche laddove sono impregnati i suoi odori. È importante non farsi vedere a pulire perché il cucciolo prende tutto come un gioco, anche l'eventuale uso di spazzolone e strofinaccio. Lodate continuamente il cucciolo ogni qual volta sporca nel luogo giusto, magari ripetendo sempre le stesse parole: imparerà così ad associare i suoi "bisogni" a un comando. Rimproveratelo invece con tono severo tutte le volte che rilascerà i suoi bisogni nel posto sbagliato. Se colto in fallo potrete al massimo rimproverarlo prendendolo per la collottola, ma mai lo si dovrà percuotere. Otterreste esattamente l'effetto contrario, con "pisciatina" istantanea per la paura e deleterie conseguenze sul suo carattere. Ricordate infine che durante i primi mesi di vita il cucciolo potrà fare la pipì sul pavimento per un evento emotivo (il vostro arrivo a casa dopo qualche ora di assenza o l'avvicinarsi di una persona sconosciuta). Portate pazienza, sono fatti che dureranno per un tempo limitato.

NON ABBAIARE QUANDO È SOLO

Generalmente i cuccioli lasciati soli in casa si mettono ad abbaiare, uggiolare o ululare per richiamare la vostra at-

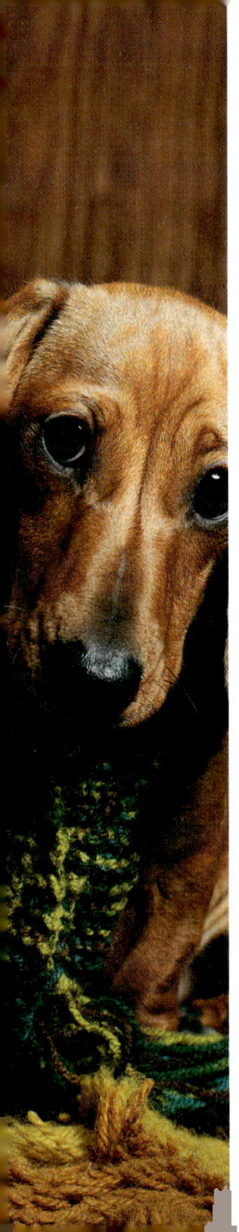

tenzione, e alcuni cani non smettono fino al ritorno del proprietario. Di solito questo comportamento non è gradito ai vicini e perciò è opportuno insegnare al cucciolo a non abbaiare inutilmente.

Può capitare che il vostro cucciolo si lamenti quando uscite di casa, se ciò avviene, afferrategli il muso con le mani e ditegli "no!" oppure "zitto!". Quindi uscite e attendete qualche minuto; se il cane incomincia di nuovo ad abbaiare ripetete l'ordine e battete con la mano sulla porta. Comunque non rientrate, nemmeno per sgridarlo, altrimenti assocerà alla sua caparbietà nell'abbaiare il risultato sperato, quello di farvi tornare.

C'è comunque da dire che i cuccioli, soprattutto quelli più piccoli, soffrono molto di solitudine e temono di essere lasciati soli. Fino a pochi giorni fa, prima di arrivare in casa vostra, era sempre in compagnia della madre, dei fratelli e degli altri cani dell'allevamento; adesso si ritrova da solo e magari al buio in un ambiente che conosce solo parzialmente. Non c'è da stupirsi se si lamenta: sta a voi rendergli l'evento meno traumatico lasciandogli una piccola luce accesa, mettendogli la cuccia il più lontano possibile da rumori estranei e dandogli un po' di compagnia con la radio accesa a basso volume. Già questi piccoli accorgimenti dovrebbero aiutarlo a calmarsi.

COLLARE E GUINZAGLIO

L'abitudine al guinzaglio va fatta accettare al cucciolo con molta gradualità: collare e guinzaglio sono pur sempre dei corpi estranei che limitano la sua libertà e talvolta possono provocare prurito o fastidio al collo. Soltanto quando il cane si sarà abituato alla costrizione del collare, gli si potrà insegnare la condotta al guinzaglio: un perfetto compagno di passeggiata deve camminare docilmente al vostro fianco, senza mai tirare. Ricordiamo che non è consigliabile abituare il cucciolo a girare libero per le strade o sul marciapiede: per educato che sia, può sempre verificarsi un evento in grado di distrarlo e tale da provocare un incidente o altre situazioni di pericolo. La condotta senza guinzaglio può caso mai essere permessa a un cane adulto perfettamente addestrato. Le prime volte (all'incirca all'età di due mesi) collegherete al guinzaglio o al collare una corda estensibile, in maniera che il cucciolo si abitui a questo corpo estraneo che limita la sua libertà ma senza traumi e senza pretendere che segua il vostro percorso. Con il cordone estensibile potrà allontanarsi ma dovrà tornare al vostro richiamo o tirandolo un po' per il guinzaglio. Trasformate in gioco questa lezione al guinzaglio: lasciatelo allontanare per qualche metro, poi richiamatelo mostrandogli del cibo. Se deside-

rate che Fido frequenti mostre e partecipi a gare, abituatelo tenendo il guinzaglio con la mano sinistra, poiché è così che andrà condotto nelle varie manifestazioni. Attenzione però: non dovete pretendere tutto e subito. Per educare il cucciolo alla condotta con il guinzaglio ci vuole pazienza e perseveranza. Le prime lezioni non dovranno durare più di cinque minuti. Se lui si ferma, fermatevi! Mano a mano che i risultati miglioreranno potrete aumentare la durata della lezione e del percorso. Sgridatelo con voce ferma o con una tiratina di guinzaglio qualora sia troppo deciso nella corsa e vi costringesse a rincorrerlo. Viceversa lodatelo ogni qualvolta si muoverà al vostro fianco con il giusto passo, senza tirare in avanti. Quando saprà muoversi al guinzaglio portatelo in ambienti nuovi. Specialmente in città si dovrà abituarlo gradatamente alle auto, alla folla e ai rumori. Inizialmente mostrerà segni di paura o insofferenza che voi dovrete fargli superare tranquillizzandolo con carezze o parole incoraggianti.

TEST DI CAMPBELL

Il test permette di definire il carattere di un cucciolo con l'osservazione delle sue reazioni in determinate situazioni. Il momento migliore per effettuarlo è quando il cucciolo ha

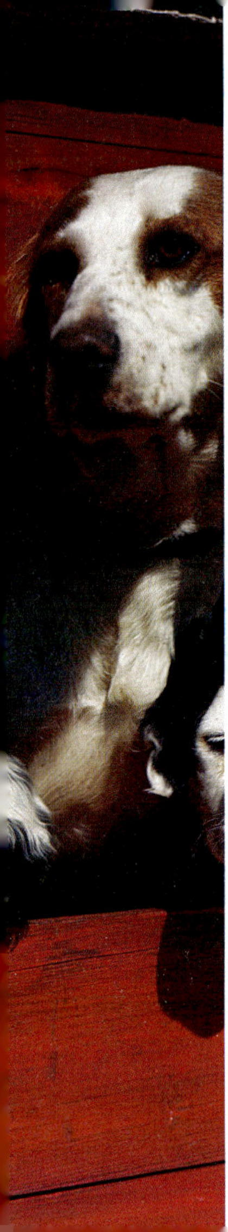

circa sette settimane, poichè l'ambiente in cui vive non ha ancora modificato il suo carattere di base. Naturalmente anche un cane già adulto può essere sottoposto al test di Campbell, poichè comunque fornirà elementi utili per valutarne il carattere.
Le possibili risposte sono suddivise in cinque categorie dalla A (aggressivo) alla E (inibito): per ciascuna situazione indicate la reazione avuta; alla fine verranno contate tutte le lettere e si andrà a leggere il tipo di carattere corrispondente a quelle più frequenti.

Fiducia nei confronti degli uomini, socievolezza

- Accucciarsi sulle ginocchia e battere le mani

A. Il cucciolo si avventa e morde le mani
B. Il cucciolo si avvicina immediatamente a coda alta
C. Il cucciolo si avvicina immediatamente a coda bassa
D. Il cucciolo si avvicina esitando a coda bassa
E. Il cucciolo non si avvicina

Fiducia nei confronti degli uomini, disponibilità a seguire

- Allontanarsi con passo normale accertandosi di essere visti dal cane

A. Il cucciolo segue a coda alta e morde le scarpe
B. Il cucciolo segue a coda alta e si infila tra i piedi

C. Il cucciolo segue immediatamente a coda bassa
D. Il cucciolo segue esitando a coda bassa
E. Il cucciolo non segue o si allontana

Sottomissione al padrone - 1

- Accarezzare il cucciolo

A. Il cucciolo salta addosso, ringhia e morde
B. Il cucciolo salta addosso
C. Il cucciolo si volta e lecca le mani
D. Il cucciolo si mette sulla schiena e lecca le mani
E. Il cucciolo si allontana

Sottomissione al padrone - 2

- Tenere sollevato il cucciolo prendendolo per la pancia

A. Il cucciolo si ribella, ringhia e morde
B. Il cucciolo si ribella violentemente
C. Il cucciolo si ribella, poi si calma e lecca le mani
D. Il cucciolo non si ribella e lecca le mani
E. Il cucciolo non reagisce

ANALISI DEL TEST

Sulla base di questa tabella vi sarà molto più facile scegliere il soggetto più adatto al vostro scopo.

3 o più A: Cuccioli tendenzialmente aggressivi, reagiscono male se maneggiati bruscamente; non adatti a vivere con anziani e bambini. Se ben condotti possono essere ottimi per la difesa.

3 o più B: Cuccioli tendenzialmente dominanti, non adatti in presenza di bambini piccoli.

3 o più C: Cuccioli con buona capacità di adattamento, ottimi con anziani e bambini.

2 o più D: Cuccioli estremamente sottomessi, vanno trattati con dolcezza.

2 o più E: Cuccioli con poco socievoli. Se vi sono anche risposte A o B, possono essere aggressivi. Se vi sono risposte C o D, rinunciano di fronte alle difficoltà.

> *Non dire mai al tuo cane che secondo molti uomini gli animali sono stati messi sulla Terra per servire gli uomini, potrebbe star male dal troppo ridere.*
>
> Anonimo

Addestramento di base

All'età di circa un anno – anche se in realtà ogni razza mostra delle peculiarità proprie e dei tempi di maturazione diversi – in generale si può pretendere da qualsiasi cane obbedienza e attenzione durante le lezioni di addestramento.
A questo proposito è bene chiarire subito che le varie fasi di addestramento devono essere nettamente distinte dal gioco, poiché il cane deve capire l'importanza degli esercizi proposti e della loro corretta esecuzione. Le esercitazioni inizialmente dovranno durare poco tempo e svolgersi in un luogo tranquillo, privo di distrazioni per l'animale. Come sempre, loderete il vostro amico tutte le volte che eseguirà l'esercizio proposto. Al termine degli esercizi di addestramento giocherete intensamente con il cane, poiché anche in questo caso deve comprendere che se risponde positivamente alle vostre sollecitazioni riceverà molte lodi e il premio del gioco.
Ricordiamo che nei primi mesi di vita del cucciolo la durata di questi esercizi non potrà superare qualche minuto.

Peraltro insegnerete lo stesso esercizio di addestramento fino a che non lo avrà imparato. Se l'esercizio avrà successo, allora potrete passare ad una nuova lezione per insegnargli un altro ordine.

"Seduto!" La posizione di seduto è abbastanza naturale per il cane, per cui questo comando può essere insegnato agevolmente. Al termine della maggior parte degli esercizi di addestramento, per esempio, normalmente si chiede al cane di sedersi poiché è la posizione più funzionale alla presa del bocconcino che gli si offre tutte le volte che esegue correttamente l'ordine impartitogli.
Inizialmente basterà impartire l'ordine con voce decisa e tirare leggermente il guinzaglio verso l'alto, spingendo contemporaneamente la groppa verso terra con una mano, in maniera tale che il cane si sieda soltanto sulle zampe posteriori. Se si accuccerà a terra anche con le zampe anteriori dovrete sollevarlo e ripetere l'esercizio fino a che lo eseguirà correttamente. Praticate l'esercizio per alcuni minuti un paio di volte al giorno.
Le prime volte, mentre impartite l'ordine verbale "seduto!", spingerete la groppa del cane verso il basso per costringerlo a sedersi per qualche secondo. Se dovesse rialzarsi subito, comandate nuovamente "seduto!" e rimettetelo in po-

sizione, poiché da adulto dovrà imparare ad alzarsi solo dietro vostra richiesta. Un altro sistema per far assumere la posizione di riposo all'animale è quella di chiedergli di sedersi al termine di un periodo di intensa attività fisica, quando il cane è stanco, per cui il comando "seduto" gli risulterà molto gradito.

Raggiunto questo primo insegnamento, insistete perché si sieda a comando e resti in posizione dicendogli "seduto, resta!". Quando avrà imparato l'esercizio si potrà affinare la tecnica pretendendo che il cane si sieda esattamente al vostro fianco, parallelamente alla vostra figura con la testa orientata in avanti. Naturalmente all'inizio si siederà in una posizione casuale, ma correggendo i suoi errori riuscirete facilmente a ottenere ciò che desiderate.

"Terra!" Con questo esercizio si fa assumere al cane una posizione di riposo per tempi lunghi in attesa del ritorno del proprietario. La posizione corretta è quella con le zampe anteriori in avanti, il ventre appoggiato a terra e le zampe posteriori raccolte sotto il suo corpo.

È una posizione del tutto naturale per il cane, poiché rappresenta un atto di sottomissione: nel branco (ma anche nelle cucciolate e in ambiente domestico) è facile osservare che il capo-branco (il fratellino dominante o il padrone)

riesce a mettere a "terra" il rivale; con questa posizione il più debole intende dimostrare che accetta la supremazia del più forte il quale cessa allora di battagliare.
Essendo un esercizio di sottomissione, per non rendere timoroso il cane, dovrete iniziare le lezioni verso il sesto-settimo mese, mentre nei mesi precedenti vi sarete adoperati ad addestrarlo con gli altri comandi base.
Come nel comando "seduto!" le prime volte spingerete con la mano il cucciolone verso terra, magari aiutandovi con il guinzaglio e tirando gli arti anteriori in avanti verso il basso. Premiatelo se resterà a terra. Ripetete l'esercizio due volte al giorno per una decina di minuti. Impartito il comando "terra!" allontanatevi di qualche passo ripetendo "terra, resta!", dopodiché chiamate il cane con un liberatorio "andiamo!" affinché possa raggiungervi con gioia per raccogliere le vostre coccole o il ghiotto bocconcino. Procedendo nell'esercizio, allontanatevi dal cane sempre di più, fino ad uscire dal suo raggio di controllo visivo, dapprima per alcuni secondi e poi per periodi più lunghi ripetendo "terra, resta!"; se dovesse alzarsi rimettetelo a terra. Un cane ben addestrato dopo un po' di lezioni imparerà a rimanere nella posizione "terra" fino al vostro richiamo.
Un sistema efficace per abituare l'animale a rimanere a terra è quello di posizionare il guinzaglio sotto il suo cor-

po: al primo tentativo di alzarsi percepirà la costrizione a rimanere fermo. Ai fini dell'obbedienza potrete usare questo metodo finché avrà compreso il significato dell'ordine "terra" o "terra, resta!", ma poi dovrà eseguire entrambi gli esercizi anche senza l'ausilio del guinzaglio.

"Resta!" Questo comando è strettamente collegato ai precedenti e ha lo scopo di insegnare al cane a rimanere nella stessa posizione fino a nuovo comando. "Resta" infatti significa "stai fermo, stai seduto, rimani a terra" e cioè "resta nella posizione in cui ti trovi".
Perciò verrà insegnato assieme agli altri quando per esempio si ordina "seduto, resta!" o "terra, resta!".
Per facilitare l'apprendimento di questo comando le prime volte è consigliabile porre il guinzaglio sotto la zampa in maniera da applicare una trazione verso terra che condizioni l'animale a restare fermo a terra. Se dovesse sbagliare non fatene un dramma: se lo sgridate si rifiuterà di proseguire la lezione. In caso di errore tentate, caso mai, di ripetere l'esercizio. Pensate che se sbaglia ci sono delle motivazioni: la principale è quella che tendenzialmente vorrà seguirvi, poiché teme possiate abbandonarlo. Fategli perciò comprendere che può aspettarvi tranquillamente e che tornerete a prenderlo.

Inizialmente non si potrà pretendere che il vostro allievo resti per lungo tempo in posizione. Successivamente potrete allungare i tempi.

"Andiamo!" Questo termine da alcuni viene sostituito con "vieni". Ricordiamo che il cucciolo che abbia con il proprietario un rapporto positivo sarà sempre pronto a rispondere prontamente andandogli incontro al richiamo.
Per educarlo al comando "andiamo" basta giocare d'astuzia. Abituato il cane nella posizione "seduto" o a "terra", per impartire le prime lezioni con il comando "andiamo!" vi aiuterete con il guinzaglio estensibile. Messo il cane in posizione, vi allontanerete inizialmente di qualche passo e nelle lezioni successive di 5-10 metri. Poi lo chiamerete: "andiamo!" e, se l'animale dimostrasse qualche titubanza, lo solleciterete a obbedire con un leggero strappo al guinzaglio estensibile. Al suo arrivo lo accoglierete festosamente premiandolo nei modi che già conoscete e che il vostro cane apprezza di più.
Un soggetto intelligente imparerà l'esercizio in poco tempo. Quando avrà appreso il significato di "andiamo" potrete iniziare l'addestramento senza guinzaglio, richiamandolo dopo averlo liberato. Se dovesse disobbedire riprendete l'addestramento usando il metodo del guinzaglio sopra descrit-

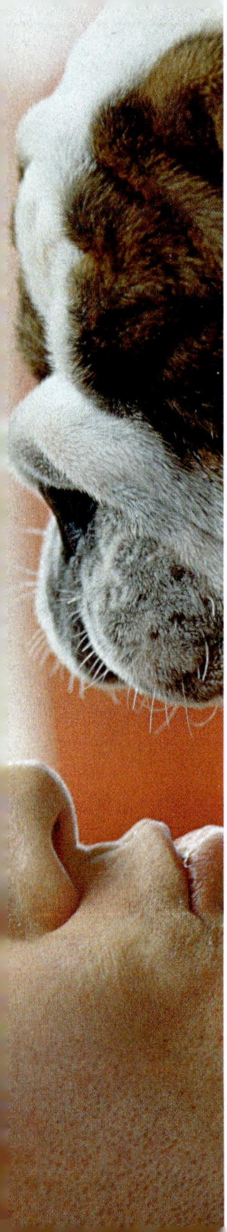

to fino a che non avrà compreso del tutto il comando. Se invece preferite insegnare al vostro allievo a quattro zampe questo ordine lasciandolo libero, non commettete l'errore di inseguirlo qualora si allontani, poiché aumenterebbe il suo desiderio di giocare a farsi rincorrere. Piuttosto sarete voi a giocare a nascondino (senza perdere tuttavia di vista l'animale): lo costringerete così a preoccuparsi della vostra assenza e presto prenderà l'abitudine di starvi vicino.

"Piede!" Questo esercizio è molto utile per chi quotidianamente porta a passeggio il cane, specialmente in ambienti affollati, poiché lo si abitua a camminare sempre al proprio fianco. Dopo che con pazienza e qualche mese di lavoro gli avete insegnato i comandi-base, il cucciolone sarà pronto ad accompagnarvi nelle passeggiate. Pur essendo in grado di seguirvi al guinzaglio, non ha ancora imparato a stare al passo ed è perciò venuto il momento di addestrarlo a camminare perfettamente al vostro fianco (piede), in sintonia con il vostro passo.

Con pazienza e costanza insegnerete al cane a camminare sulla vostra sinistra in perfetto sincronismo con la vostra velocità, in qualsiasi strada e ambiente. Quando allungherà troppo la sua corsa e si metterà a tirare lo redarguirete con un piccolo strappo al guinzaglio dicendo il comando

"piede!". Ripeterete la stessa azione anche se dovesse rallentare dicendogli "andiamo, piede!". In genere i cuccioloni tendono però a spingersi in avanti e tirare. Se il vostro cane dovesse persistere in questo suo atteggiamento, nonostante l'ordine "piede!", potrete adottare un collare a strozzo (tirando il guinzaglio, il collare a strozzo provoca un certo fastidio).
Probabilmente all'inizio il cane disobbedirà, ma voi proseguite nell'addestramento con calma e pazienza. Ogni tanto dategli naturalmente la possibilità di fermarsi ad annusare il terreno, ma per il resto potrete tranquillamente pretendere che cammini al vostro fianco. Per cocciuto che sia, alla fine l'animale dovrà adeguarsi alla volontà del suo leader, eseguendo correttamente l'ordine in qualsiasi ambiente senza distrarsi.
La massima obbedienza l'avrete ottenuta quando l'animale resterà al "piede" anche senza guinzaglio, ma per raggiungere questo livello di disciplina è consigliabile frequentare una scuola specializzata in addestramento.

Condotta al guinzaglio Nei primi mesi di vita avete dapprima abituato il vostro cucciolone alla costrizione del collare e poi del guinzaglio. Lentamente, aiutandovi con un collare a strozzo, gli avete poi insegnato a camminare al vostro fian-

co, senza tirare in avanti o rimanere indietro. Ora la condotta al guinzaglio può essere ulteriormente perfezionata se il vostro cane è un soggetto obbediente e ha superato l'anno d'età.
Scopo dell'esercizio è quello di insegnare al cane a camminare al vostro fianco sinistro a testa alta anche con cambi di direzione verso destra o sinistra. Per svolgere questo esercizio il cane deve essere molto obbediente. Stando esattamente al fianco del vostro ginocchio sinistro, l'animale dovrà percepire attraverso il contatto con la vostra gamba le svolte a destra o sinistra, mentre per l'inversione di marcia vi aiuterete con il guinzaglio facendo ruotare il cane dietro alla vostra schiena.
Altri esercizi di obbedienza potranno essere appresi con uno specifico corso di addestramento, seguendo tecniche particolari. A ogni buon conto, anche se il vostro cane non frequenterà dei corsi di addestramento in apposite scuole, ma avrà comunque acquisito tutti gli insegnamenti esposti, state certi che possedete un cane ben educato.

Dio creò l'uomo, poi, vedendolo così debole, creò il cane.

Alphonse Toussenel

La tolettatura

La tolettatura del pelo è una delle cure fondamentali per il benessere e l'igiene del cane. Il mantello dovrebbe essere spazzolato tutti i giorni: ciò favorisce la circolazione sanguigna a livello della cute, permette l'eliminazione del pelo morto e stimola la crescita di quello nuovo; evita la formazione di nodi (su cui si deve intervenire poi con le forbici). Una pulizia periodica permette inoltre di tenere sotto costante controllo lo stato di salute dell'epidermide: controllate che la pelle sia sana, rosea, senza ferite, escoriazioni, piaghe, arrossamenti provocati da dermatiti e parassiti.

IL PELO: TIPOLOGIA E LUNGHEZZA

Il pelo è costituito da un sottile filamento corneo elastico e flessibile, fissato alla pelle per un terzo della sua lunghezza. In esso si distingue una parte esterna, costituita da cellule morte, e una parte interna fissata alla cute mediante il bulbo pilifero. Dal bulbo il pelo nasce, trae il suo nutrimento, cresce e quindi viene rimpiazzato da un altro pelo dopo la morte.

Il pelo ha infatti una durata media di 90-100 giorni dopo i quali il bulbo pilifero inizia a produrre un altro pelo che scalzerà quello vecchio. Si tratta quindi di un ricambio naturale, anche se ciò non avviene per tutti i peli allo stesso momento, potendo riguardare anche solo porzioni di pelo distanti fra loro. Il mantello del cane subisce quindi un costante ricambio durante tutto l'anno, talvolta impercettibile, altre volte così notevole da risultare fastidioso (muta del pelo). I tipi di mantello si possono classificare a seconda della lunghezza, densità e durezza e sommariamente si possono distinguere mantelli con pelo corto, semilungo o lungo.

Pelo corto Ha una lunghezza compresa tra 1 e 4 centimetri. Normalmente è un pelo duro al tatto, aderente alla pelle ed eretto in tutta la sua lunghezza (dalmata, boxer, dobermann).

Pelo semilungo Più lungo di 4 cm, mantiene per tutta la sua lunghezza una linea diritta. Solitamente in un soggetto a pelo semilungo duro esso è voluminoso su tutto il corpo eccetto che sugli arti, nella zona inguinale e sul muso, dove invece è corto (pastore tedesco). Nei soggetti a pelo semilungo ruvido o semiruvido è semilungo anche sul muso (spinone, schnauzer).

Pelo lungo Rientrano in questo gruppo quei cani che hanno un pelo di lunghezza superiore ai 10 cm su tutto il corpo. A loro volta si suddividono in:
- liscio, quando è diritto in tutta la sua lunghezza e morbido al tatto (yorkshire, maltese);
- ondulato, quando il pelo presenta delle curve sul proprio asse, cosicché il mantello si presenta come le onde del mare (briard);
- ricciuto, quando il pelo si presenta attorcigliato su sé stesso fino a formare una serie di anelli o riccioli (barbone);
- fioccoso, quando forma, anche con peli di altro tipo, dei boccoli a nodi su tutto il corpo del soggetto (tipico di razze quali komondor, puli, pastore bergamasco).

LA PRIMA TOELETTA

La toeletta giornaliera deve essere vissuta come un'operazione che fa parte dell'educazione da impartire al cucciolo che arriva in famiglia e destinato a vivere in essa. L'abitudine alla toeletta va quindi trasmessa subito al cucciolo! Si consideri, comunque, che non esiste cucciolo che accetti la prima toeletta con disinvoltura.
Anzi, la prima volta dovrete intraprendere una vera e propria piccola battaglia da cui uscire vittoriosi usando come

armi soltanto pazienza e determinazione. Dopo essersi procurati gli strumenti idonei alla cura del manto, è necessario munirsi di un tavolino che porti il cane alla nostra altezza, in modo che l'operazione si svolga senza obbligarci a piegare la schiena o a inginocchiarci. La toeletta può infatti risultare lunga e impegnativa ed è essenziale che chi la esegue abbia sempre il controllo dell'animale e dei propri movimenti e un buon livello di concentrazione per non provocare danni all'animale. Si consideri, inoltre, che il cane percepisce immediatamente uno stato di disagio o incertezza da parte di chi lo sta manipolando e tenderà più facilmente a ribellarsi. Posizione comoda, quindi, e tutti gli strumenti a portata di mano, per non stancarci prima del cane.

È importante che la tolettatura venga tendenzialmente eseguita sempre nello stesso posto, per esempio sullo stesso tipo di tavolo, in modo che ciò costituisca per il cane un segnale specifico: deve stare buono e paziente fino a quando chi se ne prende cura lo avrà completamente sistemato. Ricordate che la tolettatura è un momento in cui si fortificano i rapporti sociali e dove Fido impara ad avere fiducia di noi, a capire e ad accettare le nostre cure: un cane che si fa tolettare senza problemi sarà un cane ben educato sia in casa sia fuori. Mettete il cucciolo sul tavolo, tran-

quillizzatelo parlandogli con voce bassa e calma e coccolandolo per qualche minuto, quindi iniziate a spazzolarlo con una mano, tenendolo fermo con l'altra. Dopo aver provato a divincolarsi mordendo, può essere che il cucciolo inizi a urlare come se venisse squartato, anche se il vostro tocco è più leggero di una piuma. Tutto secondo protocollo: come per i piccoli di uomo, anche per quelli di cane urlare è la prima difesa istintiva verso qualcosa che non viene capito e che quindi spaventa. Non fermatevi, bensì continuate a spazzolarlo mantenendo la calma e un tono tranquillo. Prima o poi il piccolo si stancherà, le energie finiranno e si comincerà a sentirlo meno rigido tra le mani. È questo il momento di interrompere l'operazione: solo così il cane imparerà, dopo qualche ripetizione, che solo rimanendo fermi la "tortura" ha termine.
Con dolcezza fatelo scendere dal tavolo, dategli un bocconcino e complimentatevi con delle carezze: avrà così imparato che solo stando fermi si guadagna, non solo la libertà, ma anche una buona dose di coccole.
Durante queste prime operazioni di tolettatura cercate di mantenervi tranquilli, di non alzare mai la voce e tanto meno le mani, sopportate gli urli e mantenete la presa nonostante i morsi. Tutti questi sforzi saranno ripagati da un futuro atteggiamento fiducioso e tranquillo del vostro cane.

Tolettatura per ogni mantello Ogni tipologia di mantello necessita di un diverso tipo di tolettatura:

- *Pelo corto* È il tipo di mantello più facile da mantenere pulito e in ordine. Considerato che il pelo corto a tessitura vitrea o semivitrea (boxer, dalmata o dobermann) offre molta più resistenza alla gomma che all'alluminio, nella toeletta si dovranno utilizzare guanti di gomma idonei per la cura di tale tipo di mantello. Si deve procedere passando il guanto contropelo, alzando il pelo, che verrà riabbassato con una successiva energica passata nell'altro senso. Se l'operazione viene effettuata in modo adeguato, sul guanto rimarranno ciuffi di lanugine (sottopelo). Dopo aver passato tutto il mantello del cane ed essere certi di aver eliminato tutto il pelo morto, si concluderà l'operazione ripassando con una pezza di cotone o una pelle di daino (magari vaporizzando un condizionatore a base di olio estetico per conferire al pelo lucentezza e odore gradevole).

Con questo tipo di mantello il risultato migliore si ottiene con tre operazioni successive. Per prima cosa si deve togliere il pelo morto utilizzando un guanto a manopola con denti di gomma, quindi va passata una spazzola ovale con fitte setole nella zona esterna e filamenti di rame in quella centrale ("cuore della spazzola"). La toeletta si conclude con la rimozione dei residui delle due operazioni precedenti utilizzando una pelle di daino sintetica, che in più luciderà il pelo.

● *Pelo semilungo* Il pelo semilungo a tessitura vitrea o semi-vitrea, lanoso, duro o ruvido è per la maggior parte dei cani caratterizzato da un folto sottopelo che ha in genere un veloce ciclo vitale, cioé nasce, cresce e muore in breve tempo. È quindi consigliabile spazzolare il cane almeno due volte la settimana in autunno e inverno, così da ridurre la "lana" al solo strato utile per tenere l'animale al caldo: si conservi cioè lo strato di lana protettiva senza che questa compaia oltre il pelo di copertura. In questo modo il pelo del cane risulta lucido e liscio, seppur leggermente più sgonfio, anche in inverno (ricordiamo che il sottopelo è opaco, mentre il pelo di copertura è lucido). In primavera ed estate l'aumento di temperatura porta il cane a liberarsi di questa lana, dando luogo alla tipica muta stagionale. In questo periodo faranno la loro comparsa fiocchi di lana sia sul pelo di copertura dell'animale sia (ahimé) su tappeti, divani e altri luoghi frequentati della casa.

Se però la toeletta viene effettuata in modo costante, la muta non risulterà così tipica e marcata, proprio perché si sarà provveduto a eliminare la lanugine man mano che veniva prodotta. È importante ricordare che è la "lana" (o sottopelo) e non il pelo di copertura a tenere "caldo" il ca-

ne; infatti, anche se pare paradossale, un pelo di copertura lungo protegge il cane dal caldo estivo, funzionando come una sorta di intercapedine e proteggendo la pelle dall'azione diretta dei raggi solari. Si può quindi dire che lavaggi accurati e corrette spazzolature sono basilari per far passare a Fido un'estate più fresca.
Naturalmente, una volta liberato dal sottopelo, un soggetto a pelo semilungo assumerà un aspetto "sgonfiato", in quanto il pelo di copertura va a cadere direttamente sulla pelle conferendo all'esemplare un aspetto "disordinato". Per restiturgli un aspetto più caratteristico e più gradevole è opportuno rivolgersi a un tolettatore professionista per il taglio e il riordino del mantello, specificando di non accorciare il pelo oltre la metà dello stesso.
Questo è un tipo di mantello che può essere anche particolarmente fitto e quindi necessita di strumenti più "duri" di quelli elencati per il pelo raso. Il cardatore è una spazzola con denti di alluminio e può essere di due tipi. Il cardatore dolce (o da gatto) ha denti fitti, sottili e brevi ed è utile per rimuovere la polvere e i piccoli corpuscoli, adatto a mantelli fitti ma leggeri (maltese, afgano...), oppure a pelli sensibili o zone delicate (quali interno coscia, ascelle e muso); si dice dolce perché con il passaggio della spazzola l'animale non percepisce i singoli denti ma un gradevo-

le massaggio dato dall'intera superficie spazzolante. L'altro tipo di cardatore è lo scioglifeltro, caratterizzato da denti più grossi, rigidi, lunghi e radi; ha un'azione più profonda ed efficace del precedente, riuscendo a separare le porzioni di pelo che tendono a infeltrirsi per la presenza di abbondante lana (per esempio le zone per le quali la natura richiede una maggiore protezione, sia dal freddo sia dai traumi esterni come coulotte e collare). Il rastrello è una spazzola lineare con grossi denti di forma conica indicata per togliere la lana nel caso di mute stagionali o zone del mantello parecchio infeltrite. Ha un'azione incisiva e va quindi usato con particolare perizia.

● *Pelo lungo* La toeletta di un esemplare a pelo lungo sottintende delle operazioni più lunghe ma non più difficili. Si inizi il lavoro suddividendo il manto in settori (es. spalla, collo, coscia, tronco) e in ognuno di questi si raccolga la maggior parte di pelo in una mano, alzandolo e fissandolo con un elastico.

Una volta "aperto il pelo" in questo modo, si inizia a spazzolare la parte di pelo più bassa di un settore, facendo bene attenzione a partire dalla base del pelo e facendo passare tutto il pelo attraverso la spazzola. Pettinata così la prima ciocca del settore, si abbassa un'altra ciocca su quella già spazzolata e si ripete l'operazione. Muovendosi set-

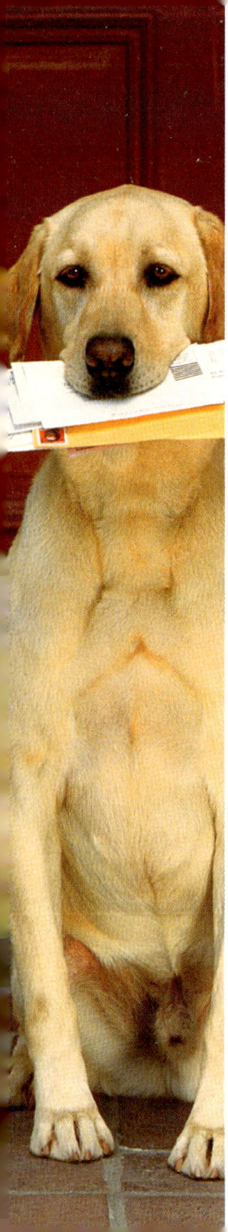

tore per settore, il lavoro risulta un po' più lungo, ma sicuramente più accurato e duraturo, senza contare che su esemplari con pelo particolarmente annodato questo è l'unico sistema che garantisca la riuscita della spazzolatura.
Si ricorda che tra i mantelli a pelo lungo si ritrovano anche quelli a pelo cordato, caratterizzati dall'avere lunghe ciocche di pelo dalla forma regolare (bioccoli). Per ottenere tale effetto è consigliabile dividere con il solo uso delle dita le zone di feltro troppo grandi fino a ottenere dei bioccoli di uguale dimensione. Si consiglia, infine, di ungere con olio apposito uno a uno tutti i bioccoli, di modo che l'umidità e le inevitabili grattatine del cane non li riportino a riunirsi di nuovo in irregolari matasse di pelo infeltrito.
Questo è il tipo di mantello che per un'adeguata toeletta richiede il maggior numero di strumenti, nonché la maggior fatica. Servono, infatti, un cardatore dolce, una molletta fermacapelli, pettini a denti fitti e radi, una pin-brush e un taglianodi. Con il cardatore dolce si spazzola e stira il pelo per l'intera lunghezza, usandolo sempre e solo nel senso del pelo. La molletta fermacapelli serve per tenere separate le zone di pelo che si stanno spazzolando da quelle ancora da lavorare, così da procedere in modo ordinato, sistematico e approfondito. Dopo il passaggio del cardatore va usato il pettine, appoggiandolo alla pelle e muo-

vendolo lungo tutta la lunghezza del pelo, sempre nel senso del pelo; naturalmente si utilizza prima la parte del pettine con i denti radi, poi quella con i denti fitti. Se il pelo oltre che lungo è anche setoso, o comunque leggero, e lo standard di razza prevede la "pienezza" del mantello, si consiglia tuttavia il solo uso del pettine a denti larghi e della pin-brush, che non è altro che una spazzola con manico, rotonda e munita di ciuffi di setole semirigide. L'azione di questa spazzola è molto delicata, quindi adatta a mantenere in ordine il mantello, ma poco efficace se esso è particolarmente sporco e annodato. La pin-brush è perciò uno strumento che si può utilizzare solo quando la toeletta del cane è giornaliera.

IL BAGNO

Capita di frequente che dopo una passeggiata o una corsa per i campi il cane si presenti sull'uscio di casa in condizioni terribili. In senso generale, la salute del cane è strettamente legata a un'alimentazione e a un'attività fisica adeguata; è quindi importante che durante una passeggiata o un'escursione non si costringa assolutamente il cane a restare pulito: per lui è importante divertirsi e dare fondo alle proprie energie scorazzando in ogni dove senza bada-

re alla presenza di fango o altro sporco. Si tornerà quindi a casa con un cane stanco e un po' sporco, ma felice ed equilibrato. A questo punto, a noi non resta che organizzare le operazioni di lavaggio, perché un cane che vive in casa deve sempre essere mantenuto pulito.

Vediamo adesso quali sono in ordine le prime cose da fare al momento del rientro in casa.

1. Giunti sulla porta d'entrata evitate di lasciare libero il cane, ma conducetelo direttamente nel luogo dove avverrà il lavaggio.

2. Sempre mantenendone il controllo (ciò sarà facilitato dall'uso di un guinzaglio) fatelo salire o mettetelo a braccia là dove avete deciso di lavarlo, per esempio in una vecchia vasca oppure anche su un tavolo se nel pavimento della stanza è stato predisposto uno scarico delle acque.

3. In una bacinella sciogliete uno-due cucchiai dello shampoo più adatto in mezzo litro d'acqua; per stendere la soluzione usate sempre una spugna per evitare dannose concentrazioni di shampoo sulla cute del cane.

4. Intingete quindi la spugna nella bacinella, passatela sul cane ancora asciutto e continuate finché non sarà completamente insaponato; lavate anche la testa, facendo attenzione a non fare entrare l'acqua o il sapone negli occhi e nelle orecchie.

5. A questo punto si è solo a metà del lavoro perché un buon lavaggio deve assolutamente comprendere un adeguato risciacquo, che deve essere completo, accurato e non deve lasciare alcuna traccia di shampoo sul pelo; il risciacquo va eseguito con metodo e costanza, senza immettere direttamente il getto d'acqua nelle orecchie o negli occhi e sopportando le eventuali scrollate con cui l'animale si libera dell'acqua facendo la "doccia" a chi lo sta risciacquando. La dose di shampoo consigliata è chiaramente adatta a un soggetto di taglia medio-piccola e con pelo lungo o semilungo, perciò se l'animale è più piccolo o più grande essa andrà adeguata. Tanto più frequenti sono i bagni, tanto più diluito deve essere lo shampoo. È consigliabile, inoltre, adoperare sempre un prodotto specifico e di qualità per migliorare il risultato e diminuire i rischi di danni al pelo.

L'asciugatura Al termine del bagno, dopo averlo risciacquato accuratamente, avvolgete il cane in asciugamani o stracci per eliminare il grosso dell'acqua (eviterete così che il cane vi inzuppi scrollandosi).
Se il clima è mite asciugatelo energicamente con l'asciugamano e portatelo fuori facendolo muovere al sole. Nel caso invece vogliate asciugarlo con il phon, è utile munirsi di un'asta su cui fissarlo, in modo da avere le mani libere per

poter spazzolare il pelo dell'animale, mosso dal flusso d'aria. In questo modo è possibile districare il pelo togliendo anche i residui di calcare che l'acqua può lasciare sul pelo, spesso causa di nodi e opacità. Asciugato in questo modo il pelo risulterà alla fine morbido, vaporoso e lucido.

La frequenza del lavaggio Circa l'intervallo tra un bagno e l'altro, si sottolinea che non esiste una regola generalmente valida, essendo tale frequenza strettamente dipendente dal tipo di vita dell'animale e dal tipo di lavaggio. Si hanno, infatti, casi in cui un animale vive e dorme sempre nel giardino, senza entrare mai in casa; se il giardino è un magnifico prato inglese, ben curato e dal quale il proprietario rimuove costantemente gli escrementi, e se il cane è a pelo corto o semilungo e non partecipa ad alcuna esposizione né sale mai in macchina, di sicuro il lavaggio si rende necessario non più di 2-3 volte all'anno. Si hanno però anche casi del tutto opposti, per esempio di animali che vengono tutti i giorni portati a passeggiare in zone sporche, sia per la presenza di arbusti o piante spinose, sia, purtroppo, per la presenza di escrementi di altri animali o addirittura immondizia (ed è ben nota la "passione" di alcuni animali per rotolarsi su ciò che ha un pessimo odore). Se poi l'animale torna a casa perché vive tra le mura domestiche,

e magari dorme sotto il letto, è chiaro che un lavaggio si impone almeno settimanalmente. Ovviamente, se l'animale non ha pelo lungo né partecipa a esposizioni, non è assolutamente necessario che dopo il lavaggio venga eseguita una completa tolettatura al mantello. La frequenza della tolettatura è infatti decisa dal personale senso dell'ordine di ogni proprietario, tenendo comunque sempre presente che ogni tolettatura ha una durata di circa trenta giorni, perché in tale periodo il pelo cresce di circa un centimetro.
Si vede quindi come tra i due estremi si possano individuare una serie numerosissima di casi intermedi, per cui risulta difficile stabilire a priori quale debba essere la frequenza del lavaggio, anche perché esistono più tipi di lavaggio. A grandi linee, comunque, se un cane vive in casa e viene portato a passeggiare tre volte al giorno, può essere lavato anche ogni due settimane ed eventualmente tolettato ogni due lavaggi. Se invece vive in un giardino sufficientemente pulito durante il giorno ma rientra in casa di sera, il lavaggio dovrebbe avvenire ogni dieci giorni e la toeletta ogni mese.
Sulla frequenza e il tipo di lavaggio una notevole influenza la esercita poi il tipo di pelo, perché è indubbio che alcuni mantelli accumulano più sporcizia di altri. Un caso classico è quello dello shi-tzu, razza a pelo lungo, che

spesso passa la maggior parte del tempo in casa e per il quale sarà sufficiente una breve passeggiata in un cortile sporco per tornare a casa in condizioni pessime. Cani piccoli a mantello chiaro e lungo, inoltre, si ingrigiscono non appena toccano il marciapiede e hanno bisogno di inteventi più frequenti e mirati. Nel caso invece del dobermann, razza a pelo corto e vitreo, sarà sufficiente passare un panno umido sulle zampe e sul torace per ripulirlo velocemente dopo la passeggiata.

IGIENE PERIODICA

Il cane va abituato fin da cucciolo alle operazioni di igiene periodica, in modo da controllare costantemente il suo stato di salute e pulizia.

Gli occhi L'aspetto degli occhi è uno dei primi indicatori dello stato di salute dell'animale che vive con noi o che stiamo per acquistare, quindi è particolarmente importante mantenerli ben puliti. Ciò vale soprattutto per i soggetti con bulbo oculare sporgente, canna nasale corta e pelo lungo (shitzu, pechinese, carlino…) nei quali si possono accumulare sporcizia e secrezioni lacrimali nelle pieghe sotto l'angolo interno dell'occhio, con rischio di fermentazioni e infezioni.

L'operazione è abbastanza delicata e va eseguita con uno specifico prodotto capace di facilitare la rimozione del grumo di sporcizia, per esempio formulazioni con base di boro. Il pelo va spostato dagli occhi con un pettine a denti fitti, si stende il prodotto e quindi si rimuove il tutto passando tra le pieghe sulla canna nasale con uno spazzolino a setole medio-dure. Va sottolineato che la funzione di tale prodotto è quella di facilitare la rimozione fisica della sporcizia, perciò esso non va mai applicato direttamente sul bulbo oculare. L'operazione va eseguita, naturalmente, anche al momento del bagno, prima del quale è tra l'altro opportuno applicare un collirio protettivo isotonico per difendere gli occhi dall'eventuale contatto diretto con lo shampoo. In ogni caso utilizzate solo prodotti autorizzati espressamente dal veterinario.

Le orecchie Una corretta e periodica pulizia delle orecchie contribuisce a prevenire le malattie infettive e parassitarie del condotto uditivo, prima fra tutte l'otite. Per una corretta igiene si deve rimuovere la peluria all'interno del condotto uditivo, afferrando con la punta delle dita la punta dei peli sporgenti e strappandoli con movimento deciso e netto. Settimanalmente è necessario poi pulire con acqua ossigenata (10% voll.) le orecchie pendenti o quelli producenti abbondante

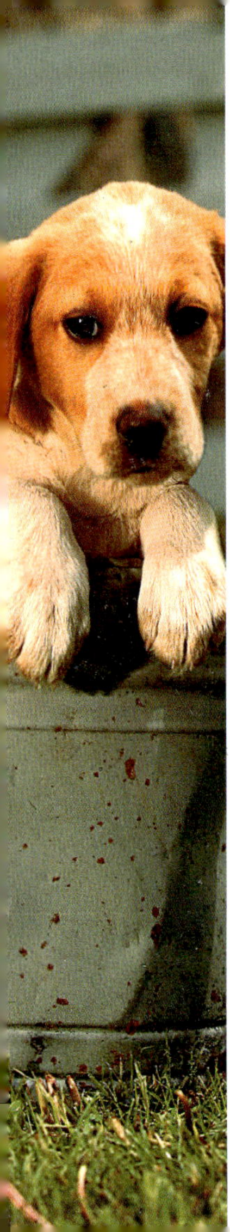

sebo (cocker, bassotto, setter ecc.): con una mano si tenga sollevato il padiglione e con l'altra si versi l'acqua ossigenata; si massaggi la base dell'orecchio per favorire la penetrazione del prodotto e la sua azione verso lo sporco facilitandone anche l'uscita. Una raccomandazione importante: non introducete mai nulla nell'orecchio del cane (cotton-fioc, cotone ecc.): la pulizia deve riguardare soltanto la zona esterna. In commercio esistono poi soluzioni a base oleosa utili per la cura cosmetica dell'orecchio, ma che non hanno un'azione particolarmente efficace nella prevenzione di infezioni. In estate controllate attentamente i cani con le orecchie lunghe dopo averli portati a passeggio: è infatti facile che all'interno del padiglione auricolare possano entrare spighe o semi. In questi casi il cane scrolla la testa e la tiene abbassata lateralmente: interpellate tempestivamente il veterinario affinché possa togliere subito il corpo estraneo evitando fastidiose complicazioni.

I denti La cura dei denti e delle gengive è spesso di un'operazione di difficoltà insormontabile per molti neo-proprietari data l'oggettiva difficoltà di contenere, cioè tenere fermo, l'animale mentre viene eseguita. Quando il cucciolo cambia la dentizione (tra i 4 e i 7 mesi) le gengive diventano tumefatte e l'animale avverte un forte prurito in bocca, ragione per la quale morde tutto e fa disastri anche in casa. Per prevenire o ridurre tale prurito è possibile spennellare sulle gengive una tintura a base di propoli, ma soprattutto si consiglia di far mangiare al cucciolo (o farlo giocare con essi) mele, carote o gomma morbida, qualcosa cioè che gli possa massaggiare dolcemente le gengive. Con l'età uno stato infiammatorio di questa zona può invece rimanifestarsi a causa della deposizione di uno strato di tartaro alla base dei denti. È allora il caso di effettuare una rimozione del tartaro. L'operazione è abbastanza difficile (meglio rivolgersi al veterinario o a un esperto toletattore) e sottintende la collaborazione dell'animale per essere compiuta in modo rapido e indolore. La rimozione del tartaro è un'intervento delicato che non va ripetuto troppo frequentemente (approssimativamente non più di una volta ogni tre mesi). Più importante è mantenere i denti puliti attraverso un'adeguata alimentazione e fornendo all'animale del pane secco o delle croste di pane che, per la loro benefica azione massaggiatrice e scrostante, facilitano l'irrorazione sanguigna delle gengive.

Le unghie e i piedi Il taglio delle unghie si rende necessario soltanto se, purtroppo, l'animale non fa alcun movimento. Qualora infatti esso compia regolare esercizio fisico, l'un-

ghia subisce una limatura naturale, continua, e rimane della lunghezza ottimale, cioè quella che gli permette il libero movimento delle singole falangi. Le unghie andranno comunque tagliate con l'apposito tronchesino: è un'operazione abbastanza delicata e, se non ve la sentite, ricorrete al veterinario che vi insegnerà come fare o al tolettatore per non rischiare di intaccare la zona sensibile presente all'interno.
Nella zona plantare è necessario, semmai, rimuovere i feltri interdigitali con una forbice a punte rotonde in modo da liberare il plantare dai peli e dai depositi di polvere e terra. Intervenite con spennellature di tintura di iodio qualora notiate irritazioni o arrossamenti del piede.

I prodotti Il prodotto principale per chi intende prendersi cura da solo del proprio cane è senz'altro lo shampoo. Il componente principale di uno shampoo è il detergente, che serve a rompere la coesione delle particelle di sporco sul pelo. Con il risciacquo viene quindi allontanato sia lo sporco sia il detergente, lasciando il pelo pulito. Uno shampoo adeguato deve contenere sia detergenti che sostanze complementari che attenuino l'azione in parte aggressiva di questi, liberando il pelo dallo sporco senza intaccare le caratteristiche biologiche e funzionali. Considerata la ric-

ca disponibilità di prodotti sul mercato è oggi possibile scegliere lo shampoo adeguato al tipo di lavaggio, ricordando sempre che più frequenti sono i lavaggi più diluito deve essere lo shampoo. Per mantelli lisci o lanosi è particolarmente indicato anche l'uso del balsamo, di solito a base di oli di origine animale o vegetale che restituisce al pelo lucentezza e pettinabilità. Si sottolinea che un prodotto detergente per cani o gatti deve avere un pH compreso tra 4 e 5 (subacido). Il pelo, infatti, è costituito da squame che con pH superiore a 7 si aprono conferendo al mantello un aspetto scadente e opaco; con prodotti con pH da 4 a 5 il pelo risulta vivo, lucido e sano. I prodotti con pH subacido hanno anche un leggero effetto antibatterico che agevola il ripristino delle difese naturali. Si ricorda, tra l'altro, che il sapone di marsiglia, con pH uguale a 11, può risultare estremamente pericoloso.

Non importa se non avete denaro o possedimenti, il solo fatto di possedere un cane vi rende ricchi.

Louis Sabin

Cani di razza

La scelta

Prima di decidere di portare a casa un cane è necessario considerare il tempo che potrete dedicargli: si tratta di un animale con un forte istinto di branco e che soffre la solitudine; necessita di uscite regolari e passeggiate; deve essere nutrito in modo regolare. È insomma necessario che siate consapevoli della scelta che state effettuando, una scelta che sicuramente vi darà enormi soddisfazioni, ma comporterà comunque anche qualche sacrificio.
Andrete sempre sul sicuro acquistando un cucciolo con pedigree, certificato che corrisponde a una sorta di carta di identità per il cane e che vi fornirà utili informazioni sulla taglia o sul carattere del vostro cane.
Un bastardino è invece sempre una "sorpresa", essendo un miscuglio di razze e spesso, se trovatello, reduce da sofferenze e traumi di vario genere. D'altra parte, per queste ragioni si dimostra spesso un cane molto sensibile, capace di slanci di generosità incomparabili e di fedele e costante dedizione, al punto tale da riuscire con la sua simpatia e intelligenza a mettere in ombra i suoi compari di alto rango.

MASCHIO O FEMMINA?

Il sesso del cane che ci accingiamo a scegliere è un aspetto da non sottovalutare. Il maschio ha generalmente un carattere più indipendente della femmina; è inoltre più testardo e in molti casi meno equilibrato. Nel periodo degli amori è capace di escogitare qualunque mezzo per soddisfare il suo istinto. Nelle taglie grandi i maschi sono dotati di notevole forza e carattere e, se malamente addestrati, risultano difficili da controllare. La femmina è più dolce, più legata alla casa, ma presenta l'inconveniente del calore che si presenta due o tre volte nel corso dell'anno; in questi periodi la cagna va sorvegliata per evitare gravidanze indesiderate. A questo proposito, ricordatevi che niente è impossibile per un cane maschio innamorato, e che una femmina con pedigree potrà facilmente rifiutare un compagno della sua razza e accettare la corte del bastardino dei vicini, magari fuori taglia rispetto a lei!
Si ricordi inoltre che la decisione di possedere una coppia di cani formata da un maschio e una femmina comporta non pochi problemi: il maschio potrà divenire aggressivo per difendere la femmina in calore, il periodo del calore della femmina sarà particolarmente estenuante per chi abita la casa, soprattutto qualora si voglia evitare l'accoppiamento ecc.

A CHI RIVOLGERSI

Se si desidera acquistare un cucciolo di razza, l'ideale è contattare un allevamento qualificato nella razza verso la quale vi siete orientati (ne potrete avere un elenco rivolgendovi all'ENCI, Ente nazionale cinofilia italiano). Una volta in allevamento, prima di eseguire la scelta osservate attentamente i cuccioli che sono a disposizione e passate qualche ora con loro. Questo non solo per capirne il carattere e la predisposizione, ma perché spesso capita che al momento di scegliere... si venga scelti. Qualora si sia intenzionati ad accompagnarsi a un bastardino invece basterà recarsi presso uno dei tanti canili municipali o dell'ENPA (Ente Nazionale Protezione Animali), o rispondere alle inserzioni che appaiono sui quotidiani o che si ritrovano nelle bacheche di negozi per animali o degli ambulatori veterinari. Spesso però basta chiedere alle persone che ci stanno intorno.

Nelle prossime pagine presentiamo le schede illustrate dedicate ad alcune delle razze più diffuse e rappresentative, segnalando per ciascuna le principali indicazioni dello standard di razza, le caratteristiche comportamentali e le cure necessarie al loro mantenimento.

Alano tedesco

Testa: spigolosa, ben delineata e proporzionata al resto del corpo.
Occhi: rotondi, scuri e vivaci; sopracciglia ben sviluppate.
Orecchie: attaccate alte e ben distanziate, con la piega a livello della linea del cranio. Possono essere tagliate (sempre lunghe e proporzionate alla testa) o meno.
Pelo: corto, fitto e brillante; ben aderente al corpo.
Colori: cinque le varietà di colore riconosciute: tigrato dal giallo all'arancione con striature trasversali nere molto evidenti, fulvo, blu, nero, arlecchino (bianco con macchie nere).
Tronco: robusto, un po' più lungo nelle femmine; ventre ben rialzato indietro.
Arti: robusti e muscolosi.
Coda: attaccata alta, più larga alla base si assottiglia progressivamente. Di media lunghezza, non si alza mai troppo al di sopra del dorso.
Altezza: minimo 80 cm i maschi; 72 cm le femmine.
Peso: 45,5-54,5 kg.
Carattere: per l'aspetto possente ed elegante è stato per secoli il cane della nobiltà, dalla quale veniva utilizzato sia per la caccia al cinghiale sia per accompagnare le carrozze. A dispetto della mole è un cane molto tranquillo e pacifico sia nei confronti di uomini (e bambini) sia nei confronti di altri animali, a patto che non minaccino il suo padrone. Adatto quindi per la compagnia e la guardia, risponde perfettamente all'addestramento che però deve essere accurato. Attenzione: è un cane pieno di forza e non sempre riesce a trattenersi nel gioco.
Movimento: ha bisogno di regolari passeggiate con corse in libertà, anche perché è meglio non farlo ingrassare.
Cura: è necessario spazzolarlo frequentemente e accuratamente. Occorre fare molta attenzione a non farlo dormire al freddo o esposto a correnti d'aria. In alcuni Paesi viene eseguito il taglio a punta degli orecchi.

Alaskan malamute

Testa: cranio ampio, leggermente arrotondato fra le orecchie, con muso grande e robusto.
Occhi: di medie dimensioni, marroni e a mandorla.
Orecchie: ben distanziate e arretrate, arrotondate in punta ed erette.
Pelo: superficiale duro e spesso, ritto sul corpo; sottopelo folto e lanoso.
Colori: da grigio chiaro a nero attraverso tutte le gradazioni intermedie, o da dorato a marrone attraverso tutte le gradazioni dcl rosso.
Tronco: torace profondo e muscoloso, con spalle potenti.
Arti: robusti e muscolosi.
Coda: a pennacchio, con pelo abbondante, portata in avanti durante il riposo.
Altezza: 63,5 cm i maschi; 58,5 cm le femmine.
Peso: 38,5 kg i maschi; 34 kg le femmine.
Carattere: cane di origine nordica utilizzato per tirare slitte e trainare carichi pesanti, la cui caratteristica principale è la forza e la resistenza. Dal temperamento impeccabile, è un compagno ideale, molto devoto e leale. Gioca sempre volentieri e non perde l'occasione per mostrare la sua grande dignità. Molto intelligente e discretamente addestrabile, è fedele e socievole con la famiglia, ma può rivelarsi intollerante verso gli altri cani.
Movimento: ha bisogno di molto movimento e di una costante attività fisica. Ama stare all'aperto, perciò l'ideale sarebbe avere un giardino dove lasciarlo libero per gran parte del giorno.
Cura: il suo manto rimane a lungo pulito perciò il bagno va fatto solo quando è veramente necessario, per evitare che il pelo perda le sue naturali sostanze protettive. Spazzolatelo una volta alla settimana, pulitegli bene le orecchie e gli occhi e controllare lo stato delle unghie, soprattutto se il cane vive in appartamento e non ha la possibilità di "limarsele" naturalmente.

Akita inu

Testa: grande, piatta fra le orecchie, ma proporzionata al corpo, con muso forte e largo e mascelle potenti e squadrate.
Occhi: piccoli, incassati, di colore marrone scuro e triangolari.
Orecchie: piccole, erette e triangolari, con attaccatura alta e punta lievemente arrotondata.
Pelo: corto, rigido e ispido, con folto e soffice sottopelo.
Colori: sesamo, marrone-sesamo, sesamo scuro, nero; marrone, bianco o con macchie (pezzato).
Tronco: dorso diritto e piatto; torace ampio e profondo, con petto ben sviluppato.
Arti: grossi e ben sviluppati, con muscolatura evidente.
Coda: grossa, attaccata alta e portata sopra il dorso o arricciata sul fianco.
Altezza: 66-71 cm i maschi; 61-66 cm le femmine.
Peso: 34-50 kg.
Carattere: razza originaria del Giappone, dal temperamento calmo, sensibile e soprattutto fedele. Compagno delizioso dell'uomo, si dimostra tanto affettuoso con il padrone, quanto sospettoso verso gli estranei che vengono trattati con rispetto, ma senza eccessiva familiarità. L'atteggiamento verso altri cani, soprattutto se sconosciuti e dello stesso sesso, può essere problematico. Questo è dovuto al suo carattere intrinsecamente dominante. Nonostante ciò è un cane adatto ai bambini verso i quali si dimostra paziente e protettivo.
Movimento: può vivere anche in appartamento, ma preferisce gli spazi aperti dove può correre in libertà. È un cane molto attivo e atletico, quindi necessita di svolgere quotidianamente una buona quantità di esercizio fisico.
Cura: non ha bisogno di particolari cure, può essere sufficiente spazzolarlo una volta alla settimana. Durante il periodo di muta è consigliabile fargli il bagno con acqua caldo/tiepida in modo che tutto il pelo morto venga eliminato.

Barbone

Testa: lunga e sottile, con cranio piuttosto stretto.
Occhi: vivaci, leggermente obliqui, di colore nero, marrone scuro o ambra scuro a seconda del mantello.
Orecchie: lunghe, spioventi lungo le guance, piatte e arrotondate alle estremità, ricoperte di peli molto lunghi.
Pelo: può essere riccioluto (spesso, folto e uniformemente lungo) o cordato (abbondante, fine e lanoso, con cordicelle di perlomeno 20 cm).
Colori: cinquc lc varictà di colore sempre omogenee: nero, bianco, marrone, grigio e albicocca. Il colore della pelle varia a seconda di quello del pelo, sempre in armonia con il mantello.
Tronco: petto abbastanza alto, dorso armonioso e corto, ventre retratto.
Arti: perfettamente diritti e paralleli gli anteriori; eleganti e muscolosi.
Coda: attaccata alta, può essere anche tagliata di un terzo o della metà (soprattutto nei soggetti a pelo riccioluto).
Altezza: grande o gigante dai 45 ai 58 cm; media dai 35 ai 45 cm; nana dai 28 ai 35 cm. Si ha poi il tipo toy, o di taglia miniatura, la cui misura ideale è di 25 cm.
Peso: 23-32 Kg (grande); 20-31,5 kg (medio); 12-14 kg (nano); 3,6-4,5 kg (toy).
Carattere: molto vivace e affettuoso, deve essere fin da cucciolo sottoposto a un fermo addestramento altrimenti può risultare dispettoso e indisciplinato.
Movimento: si diverte a giocare e a passeggiare; le taglie più grandi sono più portate all'aria aperta e alla libertà, ma rimane però una delle razze più idonee alla vita di appartamento. Adora nuotare.
Cura: dotato di un pelo folto necessita di una spazzolatura quotidiana in modo da evitare la formazione di nodi e grumi di sporcizia. Specialmente in estate è bene tosarlo con regolarità (ogni sei settimane). La tosatura "alla leoncina" è ormai un po' antiquata, oggi è più usuale una tosatura "moderna" con la quale il pelo viene uniformemente accorciato.

Basset hound

Testa: ampia, leggermente affusolata, con muso lungo, stop appena accentuato e osso occipitale sporgente.
Occhi: leggermente infossati, marroni e con espressione malinconica. Il rosa della palpebra inferiore deve essere appena visibile.
Orecchie: lunghe, con attaccatura bassa, ben arretrate e pendenti.
Pelo: liscio, corto e compatto, non troppo sottile.
Colori: generalmente nero, bianco e marrone chiaro (tricolorc), oppure limone e bianco (bicolore).
Tronco: lungo e ben disceso su tutta la lunghezza.
Arti: anteriori corti, poderosi e con forte ossatura; posteriori molto muscolosi e ben costruiti.
Coda: abbastanza lunga con pelo ruvido, robusta alla base, man mano più sottile, portata curva verso l'alto.
Altezza: 35,5 cm.
Peso: 22,5 kg.

Carattere: originariamente nato come cane da caccia, nonostante la sua corporatura, che potrebbe sembrare poco adatta a questo scopo, da anni ormai ha preso posto anche come cane da compagnia data la sua docile indole e la sua simpatia. È un cane molto intelligente, di indole dolcissima, si affezione a tutta la famiglia, anche se manifesta spesso la sua predilezione per uno dei suoi componenti; gioca volentieri con i bambini che sopporta con molta pazienza e convive bene con altri cani e con gatti.
Movimento: vive bene in appartamento, ma ha bisogno di fare lunghe passeggiate quotidiane, poiché, se obbligato ad abitudini sedentarie, tende a ingrassare.
Cura: il pelo non richiede cure particolari essendo raso, è sufficiente tolettarlo con un guanto scamosciato; le orecchie vanno invece pulite con frequenza e controllate dopo ogni uscita, per accertarsi che qualcosa non si sia introdotto all'interno o che non ci siano segni di otiti.

Bassotto tedesco

Testa: allungata e ben delineata. Cranio leggermente convesso con arcate sopracciliari molto sporgenti.
Occhi: dal rosso-marrone scuro al marrone-nero, ovali e disposti obliquamente, con sguardo vivace e intelligente.
Orecchie: attaccatura alta, non troppo lunghe e arrotondate.
Pelo: esistono tre varietà: a pelo corto, a pelo lungo e a pelo duro.
Colori: unicolore (fulvo, giallo fulvo, giallo, con o senza peli neri frammisti); bicolore (nero, marrone, grigio, bianco con focature marrone-ruggine o gialle); tigrato-striato; macchiettato (fondo chiaro e macchie scure). Il bianco non è ammesso.
Tronco: sterno sporgente, torace largo; dorso lungo e diritto con groppa tondeggiante e muscolosa; ventre lievemente retratto.
Arti: muscolosi; quelli posteriori paralleli e con coscia arrotondata.
Coda: è un armonico prolungamento del dorso.
Altezza: proporzionale al peso.
Peso: al massimo 9 kg.
Carattere: selezionato per la caccia nel sottobosco e da tana, è diventato con il tempo un ottimo cane da compagnia, che ben si adatta alla vita d'appartamento. La razza è presente in tre varianti: a pelo raso, la più diffusa; a pelo lungo, più calma e riflessiva; a pelo duro, l'ultima nata e la più "sportiva".
Movimento: tende a ingrassare con facilità e sarà quindi utile fargli fare delle passeggiate quotidiane, se non si ha la fortuna di avere a disposizione un giardino in cui possa scorrazzare.
Cura: non richiede cure particolari se non una spazzolatura periodica del pelo. Si tenga comunque presente che a seconda del tipo di mantello potranno risultare necessari interventi di stripping (pelo ruvido) o una semplice toeletta settimanale (pelo liscio). La sua particolare conformazione è spesso vittima di ernia al disco.

Beagle

Testa: piuttosto allungata, leggermente arrotondata, con il muso di media lunghezza.
Occhi: marrone o nocciola; distanziati, grandi e con espressione dolce.
Orecchie: posizionate relativamente in basso, toccano la punta del tartufo se stese; grandi con punta arrotondata, aderiscono ai lati della testa.
Pelo: corto, folto e impermeabile.
Colori: più diffusi sono i soggetti tricolore (bianco, nero e fuoco); raramente bicolore (bianco e fuoco o grigio-blu a macchie nere). La punta della coda deve essere sempre bianca.
Tronco: dorso diritto e piano.
Arti: solidi, di buona ossatura rotonda.
Coda: attaccata moderatamente alta, ma corta e portata leggermente ricurva.
Altezza: non deve superare i 40 cm.
Peso: 8-13,5 kg.
Carattere: di origine inglese, è stato da sempre (e non solo in Inghilterra) impiegato per la caccia a lepri, fagiani e quaglie; ancora oggi viene utilizzato a questo scopo in mute numerose. È un cane molto robusto e sano; intelligente, risponde bene all'addestramento. Ha un carattere splendido e adora i bambini; è intelligente, affettuoso e fedele. L'istinto da segugio lo porta però, avendone l'occasione, ad allontanarsi per vagabondare e a essere un po' indisciplinato, caratteristiche cui si può ovviare con un buon addestramento.
Movimento: pur essendo un cane da caccia, che quindi ama correre libero, giocare, seguire le tracce che fiuta, non risente particolarmente della vita di appartamento. Un piccolo giardino non basterà alle sue esigenze: avrà bisogno di lunghe e stancanti passeggiate quotidiane. Adora l'acqua.
Cura: non necessita di interventi particolari, anche perché è un cane molto pulito che si "accudisce" da solo. Razza rustica non richiede nemmeno eccessive cure veterinarie.

Bearded collie

Testa: proporzionata alla taglia, larga con cranio piatto e quadrato; muso robusto e tartufo squadrato.
Occhi: in tono con il colore del mantello, molto distanziati, grandi e ricoperti dalle frange del pelo che scendono dalla fronte.
Orecchie: di medie dimensioni, pendenti ai lati della testa e ricoperte dal voluminoso pelo.
Pelo: piatto, ruvido, forte e ispido; sottopelo morbido e fitto.
Colori: grigio scuro, rosso fulvo, nero, blu, tutte le gradazioni del grigio, marrone o sabbia, con o senza striature bianche. Quasi tutti i colori schiariscono con l'età.
Tronco: profondo, con la parte inferiore che raggiunge il livello dei gomiti.
Arti: diritti, con buona ossatura e muscolatura.
Coda: attaccata e portata bassa, mai ripiegata sul dorso e ricoperta di lungo pelo.
Altezza: 45,5-56 cm i maschi; 51-53 cm le femmine.
Peso: 18-27 kg.
Carattere: probabilmente uno dei cani da pastore più antichi della Scozia, è un magnifico compagno di vita, dotato di una inesauribile e contagiosa vitalità e gioia di vivere. È il cane ideale per tutte le età: con i bambini è giocherellone, affettuosissimo, mai aggressivo; con gli adulti è un cane calmo, sempre alla ricerca di coccole, paziente, mai nervoso o irascibile, ma pronto in ogni momento a dimostrare la propria vivacità.
Movimento: molto dinamico, sempre pronto a correre e saltare nel parco, per sfogare questa sua esuberanza è un cane che ha bisogno di molto esercizio fisico. È molto atletico e bravissimo nelle gare di agility.
Cura: richiede bagni occasionali, ma è necessario spazzolare giornalmente il sontuoso mantello che lo ricopre, insistendo soprattutto sulle zone in cui si possono formare i nodi: dietro le orecchie, sulle zampe e sul ventre.

Bedlington terrier

Testa: lunga e stretta, priva di stop, con occipite alto, il cranio è stretto e tondeggiante, ricoperto da un folto ciuffo si colore bianco.
Occhi: piccoli, lucenti e infossati.
Orecchie: a forma di mandorla e con attaccatura bassa, pendono piatte, ben aderenti alle guance.
Pelo: folto e soffice, mai ruvido con tendenza ad attorcigliarsi, specialmente sul muso e sul cranio; sottopelo lanoso.
Colori: blu, blu focato (con tartufo nero), sabbia o fegato (con tartufo marrone).
Tronco: abbastanza muscoloso e di notevole flessibilità; il torace è profondo e abbastanza largo e la groppa è fortemente arcuata.
Arti: diritti e leggermente distanti dal torace, di eccellente muscolatura.
Coda: di lunghezza moderata, con sottili frange, si assottiglia all'estremità ed è portata bassa.
Altezza: 38-43 cm.
Peso: intorno ai 10 kg.

Carattere: originario dell'Inghilterra, è un cane dal carattere apprezzabile, quasi sempre allegro e gioviale. Ha un'espressione dolce e gentile e sa essere un buon compagno per la famiglia. È molto affettuoso, leale, facile da addestrare, date le sue discrete doti di intelligenza e adatto per stare insieme ai bambini e a tutta la famiglia. Talvolta ha la tendenza ad attaccare briga con gli altri cani. Se abituato fin da cucciolo, adora viaggiare e scoprire luoghi nuovi.
Movimento: è uno dei terrier più attivi e un abile corridore, capace di galoppare ad altissima velocità, con un movimento piuttosto saltellante e molleggiato; vivace e pieno di energie, è un cane che ha bisogno tutti i giorni di correre libero senza guinzaglio.
Cura: la tolettatura di questa razza richiede una certa esperienza, quindi è consigliabile che questo intervento sia praticato da mani esperte, affinché il risultato sia armonico e senza esagerazioni.

Bichon frisé

Testa: ben proporzionata al corpo; il cranio è arrotondato, con guance piatte, il muso delicato con naso largo e nero.
Occhi: di media grandezza, piuttosto tondi e scuri, con orli palpebrali pigmentati; sguardo diritto.
Orecchie: strette, pendono lungo la testa e sono coperte da peli lunghi e sottili.
Pelo: fine e setoso, se non viene pettinato forma riccioli "a cavatappi", a larghe spire.
Colori: bianco puro uniforme.
Tronco: torace ben sviluppato, sterno pronunciato.
Arti: diritti visti di fronte, bene in appiombo, fini di ossatura; le cosce sono larghe e ben muscolose.
Coda: attaccatura bassa, portata eretta, con una graziosa curva sul piano della spina dorsale, con cui viene a contatto solo il pelo.
Altezza: fino a 30 cm, possibilmente anche meno.
Peso: 3-5,5 kg.

Carattere: in passato è stato molto apprezzato come cane da grembo dalle nobildonne di corte. Possiede tutte le caratteristiche necessarie per essere definito un perfetto cane da compagnia, è allegro e sempre vivace, prende subito confidenza anche con persone estranee che si rivelano gioviali nei suoi confronti. Giocherellone per natura, adora essere al centro dell'attenzione e detesta essere trascurato. Attaccatissimo al padrone, non ama essere lasciato solo per lungo tempo. È un cane molto sensibile, affettuoso e garbato, particolarmente adatto a stare in compagnia dei bambini.
Movimento: ideale per la vita in appartamento, è comunque un cane molto attivo, che ha bisogno di una buona quantità di esercizio, quindi necessita di quotidiane passeggiate all'aria aperta.
Cura: il mantello, abbastanza impegnativo, richiede spazzolature costanti, bagni e tolettatura, per la quale è consigliabile rivolgersi a mani esperte.

Bobtail

Testa: grande e relativamente quadrata.
Occhi: distanziati, marrone scuro o azzurri, nascosti dal ciuffo.
Orecchie: piccole, di medie dimensioni, pendenti ai lati del capo.
Pelo: lungo, dalla consistenza ruvida.
Colori: qualsiasi tonalità di grigio, grigiastro o brizzolato e blu. Corpo e parte posteriore di colore uniforme con o senza macchie bianche; testa, collo, parti anteriori e parti inferiori del ventre bianchi.
Tronco: torace profondo con la groppa più alta del garrese.
Arti: forti, muscolosi e avvolti dal lungo pelo.
Coda: corta, in genere tagliata alla prima vertebra.
Altezza: è di almeno 55 cm per i maschi; qualche cm meno per le femmine.
Peso: 27-29,5 kg.
Carattere: in passato veniva impiegato per la guida del bestiame e come cane da guardia. Oggi è apprezzato cane da compagnia che, a dispetto della grossa mole pelosa, si adatta bene alla vita di appartamento. Obbediente, affettuoso e docile, è probabilmente l'istinto da pastore che lo porta a essere molto paziente e protettivo nei confronti dei bambini e ad affezionarsi facilmente ad altri animali domestici.
Movimento: ama la vita all'aria aperta ed è meglio potergli mettere a disposizione un giardino, altrimenti avrà bisogno di regolari passeggiate per non rischiare che diventi irrequieto e ombroso.
Cura: l'abbondante pelo deve essere regolarmente spazzolato perché si mantenga morbido, ondulato ma senza ricci e nodi. Può nascere senza coda, ma in genere occorre tagliargliela a una settimana di età se si desidera seguire lo standard di razza. Il pelo della testa va pettinato in avanti, a coprire gli occhi e sul resto del corpo si lavora in modo che l'aspetto generale del cane risulti "a pera". È necessario controllare spesso le orecchie ed eliminare il pelo che cresce tra le dita.

Border collie

Testa: piatta, con cranio piuttosto largo; il muso e il cranio sono all'incirca di pari lunghezza.
Occhi: ovali e ben distanziati; con espressione intelligente e sveglia.
Orecchie: sempre attente; portate erette o semierette.
Pelo: folto di consistenza media, con fitto e morbido sottopelo.
Colori: sono ammessi tutti i colori (in genere bianco, nero, marrone, bianco e nero), ma il bianco non deve mai essere predominante.
Tronco: torace largo e abbassato; groppa inclinata verso la coda.
Arti: ossatura forte ma non pesante; buona muscolatura.
Coda: moderatamente lunga; attaccata bassa, termina ricurva verso l'alto.
Altezza: 45-50 cm i maschi; 40-45 cm le femmine.
Peso: 13,5-20 kg.
Carattere: bravissimo cane da lavoro capace di imporsi a qualsiasi mandria, e, soprattutto, eccellente nella conduzione del gregge durante gli spostamenti. Famosa la sua "potenza d'occhio" cioè la sua capacità di portare all'obbedienza le pecore che si allontanano dal gruppo soltanto fissandole caparbiamente negli occhi. Particolarmente equilibrato, volonteroso, attento, intelligente, risponde bene all'addestramento ed è affettuoso con tutta la famiglia.
Movimento: pur essendo un cane da lavoro, quindi geneticamente portato a molto esercizio fisico, si adatta anche alla normale routine di passeggiate del cane d'appartamento. Ma se desiderate renderlo felice, fatelo giocare e lasciatelo il più possibile all'aria aperta.
Cura: il border necessita di regolari spazzolate, soprattutto per la presenza del folto sottopelo. Eliminate periodicamente il pelo che cresce tra le dita dei piedi, così da evitare che si formino grumi di sporco, e controllate attentamente le orecchie.

Bouledogue francese

Testa: molto grossa, larga e squadrata, la pelle che la ricopre forma rughe quasi simmetriche; il muso è prognato e la canna nasale corta.
Occhi: di colore scuro, molto distanziati, rotondi e di grandezza media, lontani dalle orecchie.
Orecchie: tipiche orecchie a pipistrello, attaccate alte; larghe alla base e con punte arrotondate.
Pelo: raso lungo tutto il corpo, compatto, brillante e morbido.
Colori: tigrato (miscela di peli neri e rossi, con poco bianco), pezzato (bianco con macchie tigrate).
Tronco: torace profondo e ampio; dorso largo e muscoloso.
Arti: hanno un'ossatura solida e una muscolatura ben visibile, soprattutto quelli posteriori.
Coda: attaccata bassa, corta e affusolata; può essere diritta a formare un nodo.
Altezza: 30,5 cm circa.
Peso: fino a 12,5 kg.

Carattere: cane eccezionale, che si rivela un ottimo compagno per l'uomo. Oltre al suo aspetto giocherellone e buffo, può essere anche un valido cane da guardia. Con gli altri cani è in genere molto equilibrato, difficilmente sarà un attaccabrighe. Ha un carattere forte, deciso e sicuro di sé: deve avere un buon motivo, ad esempio l'approvazione del propio padrone, per imparare un comando o un comportamento. È molto attaccato ai componenti della famiglia in cui vive e non sopporta di essere lasciato solo.
Movimento: essendo di dimensioni relativamente piccole, non necessita di grossi spazi, e si adatta benissimo alla vita in appartamento. Infatti preferisce avere un compagno umano che gli dedica il suo tempo e la sua compagnia, piuttosto che luoghi per correre libero. Come esercizio fisico è sufficiente una breve passeggiata quotidiana al parco.
Cura: necessita di poche basilari toelettature una volta ogni tanto.

Boxer

Testa: proporzionata, con muso largo e potente; con pieghe tra le orecchie in situazione di attenzione.
Occhi: scuri, con espressione energica e intelligente.
Orecchie: con attaccatura alta. Se tagliate sono a punta, piuttosto lunghe e portate alti; non tagliate sono girate in avanti.
Pelo: corto, duro, brillante e aderente.
Colori: dal rosso fulvo al giallo chiaro; tigrato (fondo da giallo dorato a rosso-bruno e striature trasversali scure o nere). Consentiti segni bianchi ma non devono mai essere predominanti. Mascherina nera sul muso.
Tronco: dorso largo, diritto e muscoloso; groppa robusta e leggermente avvallata; ventre lievemente retratto.
Arti: diritti e paralleli, quelli posteriori con muscolatura evidente; ossatura forte.
Coda: con attaccatura alta; viene tagliata corta e portata rivolta verso l'alto.
Altezza: 58,5-63,5 cm i maschi; 54,5-59 cm le femmine.
Peso: 27-32 kg.
Carattere: eccellente cane da difesa, intelligente, obbediente, coraggioso, è stato tra i primi cani addestrati per lavorare fianco a fianco con la polizia, oltre che nell'esercito e come guida per ciechi. Negli ultimi decenni si è molto diffuso anche come cane da compagnia perché giocherellone, dolce e malgrado la sua forza mai inutilmente aggressivo.
Movimento: ama particolarmente giocare all'aria aperta – soprattutto giocare a palla e saltare – e ha bisogno di lunghe passeggiate e corse in libertà. Se privato di questi sfoghi può, oltre che ingrassare, diventare triste.
Cura: cane molto pulito, sarà sufficiente una spazzolatura periodica del mantello. Lo standard della razza non richiede più il taglio degli orecchi a punta; è invece ancora necessario quello della coda, che va mozzata alla terza vertebra. È un cane un po' cagionevole, richiede frequenti controlli veterinari (specie per la dentatura).

Bracco ungherese

Testa: asciutta e muscolosa; muso squadrato e profondo, lungo quanto il cranio.
Occhi: di media grandezza, vivaci e svegli.
Orecchie: con attaccatura moderatamente bassa, piuttosto lunghe e con estremità arrotondate; pendenti vicino alle guance.
Pelo: folto, diritto e corto; aderente alla cute e senza sottopelo.
Colori: rossiccio dorato; ammesse piccole macchie bianche su torace e piedi.
Tronco: potente e proporzionato; il dorso è corto e diritto, il torace moderatamente largo.
Arti: anteriori diritti, con ossatura forte; posteriori muscolosi e moderatamente angolati.
Coda: attaccata un po' bassa; mediamente grossa, diventa sempre più sottile verso l'estremità che è leggermente incurvata verso l'alto.
Altezza: 56-61 cm i maschi; 53-58 cm le femmine.
Peso: 22-30 kg.

Carattere: noto anche con il nome di vizla, viene allevato principalmente come cane da ferma e da riporto, ma può essere un altrettanto ottimo animale da compagnia. Ha un carattere affettuoso e intelligente, sempre pronto a ubbidire al padrone. È facilmente addestrabile, ma molto sensibile: non va trattato con severità, apprende in modo migliore se trattato con dolcezza.
Movimento: grazie alla sua disponibilità riesce ad adattarsi anche alla vita in città, ma deve poter usufruire di un giardino. Si tratta di un cane estremamente attivo, quindi è necessario portarlo quotidianamente al parco e a fare delle lunghe passeggiate in modo che abbia la possibilità di fare molto movimento. Durante le passeggiate all'aperto, apprezza molto l'opportunità di scovare e riportare giochi o piccoli oggetti.
Cura: è un cane molto pulito che non richiede particolari cure. È sufficiente spazzolare il pelo con regolarità.

Bulldog

Testa: cranio massiccio e fronte piatta, con pelle rugosa; muso corto, ampio e rincagnato e tartufo grande e nero.
Occhi: bassi e ben distanziati; rotondi e scuri.
Orecchie: attaccate alte, il più possibile distanti dagli occhi; piccole e "a rosa".
Pelo: corto, fitto e liscio.
Colori: ammessi soltanto il rosso nelle sue varie tonalità con manto tigrato; il bianco o bianco screziato (con una delle tonalità del rosso). In entrambi i casi il soggetto ha mascherina o muso nero.
Tronco: petto largo, sporgente e abbassato; dorso corto e forte.
Arti: spalle larghe, molto poderose; gambe forti con profilo lievemente curvo ma ossatura diritta; anteriori più corti dei posteriori.
Coda: con attaccatura bassa, piuttosto corta e rotonda; larga alla base, diviene più sottile verso la punta.
Altezza: 30,5-35,5 cm.
Peso: 18-22,5 kg.

Carattere: in origine la razza è stata selezionata per i combattimenti nelle arene. Per aumentarne la diffusione si sono però raffinati i tratti "da combattimento" trasformando il bulldog in un pregevole cane da guardia e da compagnia. Tanto brutto quanto è simpatico, è un cane perfettamente conscio della propria forza e la usa soltanto se necessario: sa essere molto paziente e giocherellone.
Movimento: il muso corto e schiacciato non gli consente una perfetta respirazione, quindi non va mai sottoposto a sforzi eccessivi (nemmeno da cucciolo), specie se in giornate calde e afose, o durante lunghe escursioni. Alle sue esigenze basterà una passeggiata quotidiana e la possibilità di stare all'aria aperta.
Cura: non richiede altro che spazzolature periodiche del mantello e qualche raro bagno. Va periodicamente eseguita la pulizia delle pieghe della pelle per evitare l'insorgere di dermatiti. È tendenzialmente pigro e tende a ingrassare.

Bull terrier

Testa: lunga e potente, di forma ovoidale è leggermente arcuata dal cranio alla punta del tartufo.
Occhi: triangolari, obliqui e infossati, di colore scuro.
Orecchie: piccole sottili e vicine, spesso portate erette.
Pelo: corto, duro e piatto, lievemente lucido. Durante l'inverno può avere sottopelo morbido.
Colori: bianco, fulvo, rosso o nero tigrato, o in versione tricolore delle tinte precedenti.
Tronco: ampio e possente; il dorso deve essere corto e il torace, visto dal davanti, deve apparire largo.
Arti: solidi, diritti e di forte ossatura.
Coda: corta e affusolata, ha attaccatura bassa ed è portata orizzontalmente.
Altezza: 53-56 cm.
Peso: 24-28 kg.
Carattere: razza inizialmente selezionata come cane da combattimento, si caratterizza per la potenza in ogni tratto fisico. In passato era infatti conosciuto per la ferocia nel combattimento, ma la razza odierna non è aggressiva e possiede una vena affettuosa e gentile. Il suo comportamento è strettamente legato all'educazione ricevuta, quindi, fatelo socializzare sin da cucciolo con persone e altri animali e scoraggiate ogni atteggiamento aggressivo.
Movimento: è un cane vivace che deve fare molto movimento per conservare il suo aspetto muscoloso, è perciò poco adatto alla vita in appartamento. Ha bisogno di una buona passeggiata quotidiana, ma fate attenzione alla possibile aggressività nei confronti degli altri cani.
Cura: non ha bisogno di cure particolari. Una spazzolata alla settimana per eliminare i peli morti e un bagno due o tre volte all'anno, se non si partecipa a competizioni, sono sufficienti per tenere il pelo lucido e pulito. Un'alimentazione sana ed equilibrata è sempre auspicabile per migliorare il suo benessere psicofisico.

Carlino

Testa: grande, massiccia e rotonda, con muso corto, squadrato e prognato.
Occhi: scuri, molto grossi, rotondi e sporgenti; molto lucidi e con espressione dolce e sollecita.
Orecchie: sottili, piccole e nere. Possono essere piegate indietro "a "rosa" o in avanti "a bottone".
Pelo: fine, liscio, morbido, corto e lucente, né duro né lanoso.
Colori: argento, fulvo-albicocca, nero, tutti ben definiti con mascherina e orecchie nere.
Tronco: corto e tarchiato, con torace ampio e buon costato.
Arti: robusti e diritti, di lunghezza moderata, ben sotto il corpo.
Coda: attaccata alta, poco inclinata sul fianco, deve formare preferibilmente un doppio ricciolo.
Altezza: 28 cm.
Peso: 6,5-8 kg.
Carattere: probabilmente originario della Cina, è un cane molto affettuoso e affabile, per nulla aggressivo. È molto sensibile e ha un muso capace di espressioni simili a quelle umane. Consigliato a chi ama viaggiare, è un compagno ideale per le persone di ogni età, ma soprattutto per i bambini con i quali è giocherellone e divertente. Non crea problemi di nessun genere, se tenuto insieme alla famiglia a tempo pieno; con gli estranei è invece diffidente, per questo si rivela un ottimo cane da guardia.
Movimento: non richiede moltissimo esercizio, tuttavia deve poter compiere una passeggiata tutti i giorni per evitare di appesantirsi.
Cura: i suoi occhi prominenti possono facilmente irritarsi a causa della polvere e delle correnti d'aria, quindi devono essere tenuti puliti e controllati spesso. Il mantello corto, liscio e fitto richiede un'accurata, ma non impegnativa tolettatura settimanale, che diventerà più frequente nel periodo delle due abbondanti mute (primavera e autunno).

Chihuahua

Testa: tipico cranio a cupola, con muso corto e leggermente appuntito, e guance magre.
Occhi: scuri o rubino, grandi, rotondi e ben distanziati.
Orecchie: grandi, verso l'esterno, poste a circa 45° rispetto ai lati del corpo.
Pelo: nella varietà a pelo lungo è morbido, liscio o poco ondulato, con vistosa criniera; in quella a pelo corto è lucido, raso e mai ruvido.
Colori: sono ammessi tutti i colori e le loro combinazioni, ma i più diffusi sono fulvo, marrone, nero focato, bianco e nero.
Tronco: lunghezza leggermente superiore a quella dell'altezza al garrese; torace ampio e addome retratto.
Arti: di media lunghezza. Le ossa delle zampe anteriori sono piuttosto fragili, mentre la muscolatura delle zampe posteriori è ben sviluppata.
Coda: di media lunghezza, portata ricurva sul dorso, termina a punta.
Altezza: 15-23 cm.
Peso: varia da 1,5 kg a 3 kg.
Carattere: nativa del Messico, questa razza è la più piccola del mondo e porta il nome della provincia nella quale ebbe probabilmente origine. È un cane fedele e molto devoto alla famiglia, ma non gradisce la compagnia di altri cani e si mostra diffidente verso gli estranei. Ha un carattere allegro, giocoso e affettuoso; è attento, intelligente molto vivace e dotato di una grande memoria. Si adatta facilmente alle nuove circostanze e a tutti i membri della famiglia, anche se poi preferisce una sola persona, nei confronti della quale è molto legato, quasi possessivo.
Movimento: essendo così piccolo, è particolarmente adatto alla vita in appartamento. È il cane ideale per la città, in quanto può essere portato ovunque.
Cura: sia la razza a pelo corto che quella a pelo lungo sono facili da tolettare, poiché richiedono solo una pettinata giornaliera e una spazzolata con una spazzola morbida.

Chow chow

Testa: cranio grande e muso corto, ma largo e squadrato; caratteristica la lingua di colore blu-nero.
Occhi: marrone scuro, incassati, molto spaziati e obliqui.
Orecchie: piccole, triangolari con punte leggermente arrotondate; erette, ma un po' inclinate in avanti.
Pelo: piuttosto lungo, folto e abbondante, rimane diritto su tutto il corpo.
Colori: il manto deve essere monocolore, le tonalità ammesse sono crema, rosso, cannella, blu o nero, talvolta con sfumature, ma non con macchie, più chiare su criniera, coda e frange.
Tronco: corpo muscoloso con torace profondo e ampio.
Arti: zampe anteriori perfettamente diritte, di lunghezza moderata, con buona ossatura; zampe posteriori muscolose.
Coda: attaccata alta e portata ripiegata verso il dorso.
Altezza: 45,5-56 cm.
Peso: 22,5-32 kg.

Carattere: cane indipendente e pacato che dimostra affetto e estrema fedeltà nei confronti del padrone, ma rimane piuttosto sospettoso nei confronti degli estranei. È molto riservato e non ama particolarmente le coccole, per questo spesso viene considerato, a torto, un cane dal carattere ombroso. Estremamente abitudinario, detesta che la routine quotidiana venga sconvolta.
Movimento: si adatta senza problemi alla vita in casa o in appartamento, perciò come esercizio fisico sarà sufficiente una bella passeggiata giornaliera.
Cura: esige una perenne cura e pulizia del pelo, per questo fin da piccolo deve essere abituato alla tolettatura. È inoltre necessario fare attenzione anche ad altre parti del corpo, quindi controllate quotidianamente la pelle, le orecchie e gli occhi che devono essere puliti ogni giorno con un fazzolettino di carta asciutto. Il bagno deve essere fatto due o tre volte all'anno.

Cocker spaniel

Testa: muso quadrato con stop pronunciato e tartufo abbastanza largo.
Occhi: mai di colore chiaro, con sguardo intelligente e dolce, ma sempre vigile.
Orecchie: allungate e con molte frange.
Pelo: di media lunghezza (più corto sulla testa); setoso, liscio e mai ondulato. Le frange non devono nascondere le linee del corpo.
Colori: il mantello può essere di svariati colori. Se unicolore, non si deve avere bianco su petto e/o gola.
Tronco: dorso lievemente in discesa dalla fine della regione lombare alla coda.
Arti: ben strutturati e muscolosi; cosce poderose e ben delineate.
Coda: viene accorciata ma non troppo corta. Deve essere portata orizzontalmente mai rialzata.
Altezza: 39-41 cm i maschi; 38-39 cm le femmine.
Peso: 12-14 kg.
Carattere: razza inglese selezionata per la caccia. Di carattere gioioso e vivace è, a dispetto del mantello, un cane che non esita a tuffarsi in acqua, correre nel fango o a gettarsi nei rovi per gioco, per rincorrere un passerotto o per soddisfare un lancio di palla del proprietario. Il bell'aspetto, l'espressione dolce e il carattere giocoso l'hanno presto trasformato in un cane da compagnia.
Movimento: pur adattandosi bene alla vita da appartamento e cittadina, ha bisogno di permanenza all'aria aperta e di un adeguato moto. Se si è sprovvisti di giardino è quindi opportuno dedicargli qualche lunga passeggiata, e periodiche gite in campagna per lunghe corse in libertà.
Cura: il pelo semilungo deve essere pulito, spazzolato e pettinato quotidianamente; ogni tre mesi circa lavatelo e fate spuntare il pelo del cranio, quello delle spalle e del collo; anche i piedi devono essere tosati, ma non le frange delle zampe. Attenzione alla pulizia dei lunghi orecchi fittamente coperti di pelo in cui facilmente si insediano corpi estranei.

Collie rough

Testa: a forma di cuneo troncato; cranio piatto, tartufo nero.
Occhi: lievemente obliqui, a mandorla e di colore scuro, con sguardo molto sveglio e intelligente.
Orecchie: piccole, buttate indietro a riposo e in avanti o semierette, se all'erta.
Pelo: diritto e folto, con sottopelo morbido e molto fitto; forma una criniera e un collare abbondanti.
Colori: fulvo e bianco, tricolore o blue-merle.Tutti i colori devono presentare la distribuzione a macchie tipica della razza.
Tronco: diritto e folto; sottopelo morbido e molto fitto; forma criniera e collare abbondanti.
Arti: diritti e muscolosi.
Coda: lunga e portata bassa con punta lievemente rialzata; in allerta si alza, ma mai sopra il dorso.
Altezza: 61-66 cm i maschi; 56-61 cm le femmine.
Peso: 27-32 kg i maschi; 22,5-29,5 kg le femmine.

Carattere: nota anche con il nome di pastore scozzese, è una razza antica utilizzata per governare le mandrie. Ha mantenuto un'arrendevolezza e un'addestrabilità straordinaria che lo hanno reso noto come cane poliziotto, da soccorso e per la guida dei ciechi, oltre che da guardia e da compagnia. Dimostra una marcata fedeltà per i propri padroni e per la case ed è diffidente nei confronti degli sconosciuti. Negli ultimi anni si è diffuso come cane da compagnia e in questo si dimostra affettuoso e intelligente, fedele alla famiglia che lo ospita e buono con i bambini.
Movimento: pur vivendo bene sia in appartamento sia in giardino, necessita di molto movimento. L'abbondanza di pelo lo rende insofferente alla calura estiva (mettetegli a disposizione sempre zone ombrose e fresche).
Cura: il pelo semilungo richiede spazzolature periodiche, più accurate durante la muta stagionale. Non è necessario sottoporlo a bagni troppo frequenti.

Dalmata

Testa: lunga; cranio piatto e largo tra le orecchie.
Occhi: rotondi e ben distanziati, scuri in esemplari con macchie nere e ambra in quelli con macchie fegato; sguardo vivace e intelligente.
Orecchie: attaccatura alta; larghe alla base si restringono progressivamente.
Pelo: raso, fitto, liscio e lucente.
Colori: fondo bianco puro con piccole macchie rotonde nere o fegato, ben distribuite e definite. Alla nascita i cuccioli nascono completamente bianchi, le macchie compaiono soltanto in seguito.
Tronco: petto alto e ampio; dorso diritto e muscoloso; ventre retratto.
Arti: ossatura forte e muscolatura ben sviluppata.
Coda: più larga alla base si restringe poi gradatamente. Portata con una leggera curva verso l'alto.
Altezza: 58,4-61 cm i maschi; 55,9-58,4 cm le femmine.
Peso: 20-25 kg.

Carattere: la razza è nata come cane da carrozza, cani cioè che seguivano in corsa le carrozze durante i viaggi provvedendo alla loro difesa. Ultimamente hanno conosciuto un notevole successo e diffusione, soprattutto grazie a film e cartoni animati che li hanno visti protagonisti. Ha un carattere molto dolce, specialmente con i bambini, e fedele. Soffre la solitudine e si ricorda a lungo dei torti subiti. Il maschio tende ad azzuffarsi con gli altri cani, ma sarà sufficiente non incoraggiarlo e sottoporlo a un buon addestramento.
Movimento: è un cane robusto e pieno di vitalità che ama correre; occorre quindi assicurargli un abbondante moto quotidiano o, meglio ancora, una casa con giardino. Si adatta comunque bene alla vita di appartamento.
Cura: necessita di spazzolature e bagni periodici per mantenere il mantello lucido ed eliminare i peli morti. Presenta un'abbondante muta stagionale. Ha la tendenza a ingrassare.

Dobermann

Testa: proporzionata e armonica; tartufo largo nero nei soggetti neri, più chiaro negli altri.
Occhi: ovali e scuri; palpebre con ciglia.
Orecchie: possono venire tagliate (in una lunghezza proporzionata alla testa) e portate diritte.
Pelo: corto e ben aderente, lucido e fitto.
Colori: nero, marrone scuro o blu con focature color ruggine ben pronunciate e ben delineate su muso, gola, petto, zampe e bacino.
Tronco: petto largo e ben sviluppato; dorso solido e corto, groppa lievemente inclinata verso la coda; ventre risalente.
Arti: di struttura forte; posteriore particolarmente possente.
Coda: con attaccatura alta, viene tagliata corta.
Altezza: 68-72 cm i maschi; 63-68 cm le femmine.
Peso: 30-40 kg.
Carattere: razza appositamente creata per la difesa personale. Lo standard iniziale è stato molto addolcito e l'attuale dobermann si dimostra essere un cane docile e affettuoso. Essendo particolarmente sensibile al tipo di addestramento diventerà "cattivo" soltanto in compagnia di un padrone "cattivo". Ha senso istintivo della difesa e questo, unito al fatto che è estremamente intelligente, fedele e coraggioso, ne fa un ideale cane da guardia e da difesa. Il maschio, più impetuoso, necessita di un fermo addestramento.
Movimento: è un cane pieno di energia che ha bisogno di molto movimento (non meno di quaranta minuti al giorno) e di corse in tutta libertà.
Cura: non necessita di cure particolari. Lo standard della razza richiede il taglio della coda (a due sole vertebre caudali); in Italia è invece facoltativo quello delle orecchie (pratica proibita in altri Paesi). Sensibile agli sbalzi di temperatura va dotato di una buona cuccia qualora lo si faccia vivere all'esterno.

Dogo argentino

Testa: di proporzioni medie, da un impressione di forza e potenza; il muso è leggermente concavo verso l'alto.
Occhi: di colore bruno scuro o nocciola, ben separati e a mandorla, posizionati ad altezza media; l'espressione è attenta e viva, ma può spesso divenire dura e implacabile.
Orecchie: attaccate alte sulla testa, erette e ben separate l'una dall'altra.
Pelo: uniformemente corto, liscio e piacevole al tatto, di una lunghezza approssimativa da 1,5 a 2 cm.
Colori: bianco puro, non sono assolutamente ammesse macchie.
Tronco: dorso largo e vigoroso, con un importante sviluppo muscolare.
Arti: forti, solidi e con una buona muscolatura, ben proporzionati alla taglia del soggetto.
Coda: lunga e spessa, in azione è portata alta e ondeggiante.
Altezza: 62-68 cm i maschi; 60-65 cm le femmine.
Peso: 45 kg i maschi; 35 kg le femmine.
Carattere: originario dell'Argentina dove è utilizzato per impiego venatorio, nel quale si distingue per il suo buon olfatto, il suo coraggio, la velocità e una presa molto salda, per anni invece è stato selezionato per i combattimenti. Ottimo cane da guardia e da difesa, piuttosto intelligente e furbo; nonostante l'apparenza è in realtà un cane dolce, affettuoso e sensibile, che fa del rapporto con il proprio padrone il punto di riferimento di ogni esperienza, creando una simbiosi uomo-cane che gli permette di capire ogni situazione e potersi così comportare di conseguenza nella giusta maniera. Il suo addestramento necessita di tempi lunghi e di tanta pazienza.
Movimento: se vive in ambienti ristretti, deve poter compiere lunghe passeggiate quotidiane.
Cura: il mantello non necessita di particolari cure, è sufficiente spazzolarlo un paio di volte alla settimana.

Dogue de Bordeaux

Testa: imponente, tondeggiante con muso quadrato, rugoso, prognato e labbra pendenti.
Occhi: scuri, ben distanziati, di forma ovale e con sguardo fermo.
Orecchie: relativamente piccole e cadenti, di colore appena più scuro del mantello e attaccate abbastanza in alto.
Pelo: fine, corto e morbido al tatto.
Colori: monocolore mogano o nella gamma dei fulvi; ammesse macchie bianche solo sul petto e sui piedi.
Tronco: dorso largo e muscoloso; torace largo, potente e disceso più in basso del gomito.
Arti: molto robusti e muscolosi, con ossatura forte.
Coda: molto spessa all'attaccatura e portata bassa.
Altezza: 60-68 cm i maschi; 58-66 cm le femmine.
Peso: 45-50 kg.
Carattere: cane originario della Francia dal temperamento ideale. È un ottimo cane da guardia, vigile e coraggioso, senza mai essere aggressivo, molto affezionato alla sua famiglia e in particolar modo al suo padrone, verso il quale si dimostra molto affettuoso e fedele. Riservato con gli estranei, è docile e paziente con i bambini, che adora e protegge. Odia la solitudine e ha bisogno di un'educazione costante e affettuosa: è sufficiente il tono di voce per fargli capire cosa va fatto e cosa non va fatto, l'asprezza e la durezza, invece, lo irritano.
Movimento: si adatta alla vita in appartamento, ma sarebbe meglio offrirgli un giardino dove può correre liberamente e praticare l'attività fisica di cui ha bisogno per tenersi in forma ed evitare l'obesità. Se tenuto in appartamento ha bisogno di compiere passeggiate vigorose.
Cura: le pieghe formate dalla pelle del muso sono soggette a infezioni e devono essere pulite con una certa frequenza. Il suo mantello corto non richiede cure particolari.

Fox terrier

Testa: proporzionalmente molto lunga, con stop modesto; cranio piatto, stretto con mascelle robuste e naso nero.
Occhi: piccoli, scuri e profondi, con espressione vivace.
Orecchie: piccole, a forma di V, con la base eretta e le punte piegate in avanti in prossimità delle guance.
Pelo: ci sono due varietà: quella a pelo liscio (duro, diritto e folto) e quella a pelo ruvido (folto, ispido e ruvido, con sottopelo più morbido).
Colori: per lo più bianco, con pezzature più scure (nere o marrone chiaro).
Tronco: torace profondo; dorso corto, diritto e forte, senza segni di debolezza.
Arti: diritti, forti e muscolosi.
Coda: grossa e robusta, attaccata alta, portata eretta.
Altezza: fino a 39 cm circa.
Peso: 7-8 kg.
Carattere: è un cane audace e vitale, giocherellone per natura, specialmente con i bambini. Richiede un controllo saldo che ne contenga il forte istinto alla caccia e il carattere un po' nervoso. La convivenza con altri animali domestici è piuttosto difficile; per ovviare a questo problema deve essere abituato alla socializzazione fin dai primi mesi di vita.
Movimento: vive bene anche in appartamento a patto che gli si garantisca sufficiente esercizio all'aria aperta, facendolo uscire almeno un paio di volte al giorno. Se avete a disposizione un giardino, questo gli permetterà di compiere un adeguato esercizio fisico, scavando buche e rincorrendo qualsiasi cosa in movimento.
Cura: la varietà a pelo ruvido deve essere giornalmente spazzolata con una spazzola a setole rigide e, per avere un mantello perfetto, sarà necessario ricorrere due o tre volte all'anno alle cure di tolettature specializzate; la varietà a pelo corto, invece, necessita solamente di una o due spazzolate a settimana per essere in ordine.

Golden retriever

Testa: proporzionata e ben scolpita; muso possente; tartufo nero.
Occhi: marrone scuro, con linea delle palpebre scura.
Orecchie: di medie dimensioni.
Pelo: piatto o ondulato; sottopelo fitto e impermeabile.
Colori: qualsiasi tonalità di oro e crema; ammesso qualche pelo bianco sul petto.
Tronco: petto abbassato, con dorso e linea del ventre diritte.
Arti: anteriori diritti e di buona ossatura; posteriori forti e muscolosi.
Coda: attaccatura al livello del dorso; portata diritta.
Altezza: 56-61 cm i maschi; 51-56 cm le femmine.
Peso: dai 25 ai 30 kg.
Carattere: impareggiabile razza da riporto per le attività venatorie, è però divenuto, data la bellezza e il carattere mite, quasi più famoso come cane da compagnia. Viene soprattutto ammirato per la simpatia, l'aspetto elegante, lo splendido mantello e l'espressione dolce. È molto obbediente, dolce e affettuoso. Si lega particolarmente alla famiglia e ai bambini con i quali ama giocare. A dispetto della mole, anche in appartamento non è di alcun impaccio. Nato come razza da lavoro, impara presto e volentieri.
Movimento: ha bisogno di molto moto quotidiano con corse in libertà. Più che in appartamento conviene farlo vivere in giardino: sopporta bene il fresco e l'umido. È un cane che ama molto l'acqua e ha bisogno di fare delle lunghe nuotate.
Cura: ha pelo semilungo e presenta un sottopelo fitto e impermeabile, quindi occorre mantenere il mantello accuratamente spazzolato. La pelle e il pelo sono caratterizzati da una secrezione grassa con un odore particolare che non va eliminato a tutti costi poiché fa parte delle caratteristiche della razza. Particolarmente goloso, per evitare che ingrassi, va curato nella dieta e gli si deve assicurare movimento costante.

Labrador retriever

Testa: larga e ampia, con stop mediamente marcato e muso robusto, con mascelle potenti e non appuntite.
Occhi: rotondi, di dimensioni medie, marroni o nocciola.
Orecchie: con attaccatura molto bassa e molto arretrata, portate pendenti.
Pelo: corto, fitto, privo di ondulazioni, duro al tatto e impermeabile.
Colori: completamente nero, giallo o marrone scuro/cioccolato; i gialli variano da panna chiaro e rosso volpe; è ammessa una piccola macchia bianca sul torace.
Tronco: petto largo, torace profondo, con linea dorsale diritta.
Arti: con buona ossatura, diritti dal gomito al suolo.
Coda: detta "coda di lontra", di media lunghezza, coperta da pelo folto, grossa alla radice e progressivamente più sottile.
Altezza: 57-62 cm i maschi; 54-60 cm le femmine.
Peso: 30-36 kg i maschi; 25-32 kg le femmine.
Carattere: razza canina originaria dell'isola di Terranova, di buon temperamento, socievole e robusta. Un tempo utilizzato come cane da riporto, oggi è principalmente allevato come cane da compagnia, grazie al suo carattere estremamente docile e affettuoso, particolarmente adatto a vivere in famiglie con bambini. Il suo carattere buono e disponibile all'apprendimento lo rendono adatto all'addestramento e allo svolgimento di moltissime attività, dall'assistenza ai non vedenti, al soccorso in acqua.
Movimento: particolarmente attivo, per tenerlo in forma è quindi necessario farlo camminare e correre molto. È un eccellente nuotatore (anche grazie alla "palmatura" delle zampe), quindi è importante permettergli di svolgere tale attività più frequentemente possibile.
Cura: deve essere spazzolato regolarmente; l'alimentazione deve essere controllata ed equilibrata poiché è un cane molto goloso e tende a diventare obeso.

Levriero afgano

Testa: ben definita, con muso allungato e lungo ciuffo setoso.
Occhi: scuri, a mandorla, di forma pressoché triangolare e un po' obliqui.
Orecchie: lunghe, portate cadenti e piatte lungo le guance, ricoperte di pelo lungo e setoso.
Pelo: lungo e setoso, con ricche frange alle orecchie e alle zampe e con un tipico ciuffo di peli sulla testa.
Colori: può assumere varie tonalità di colore, dal crema al nero, dal fulvo al tricolore, ecc.
Tronco: dorso diritto, di lunghezza media, molto muscoloso.
Arti: potenti e dotati di una buona ossatura.
Coda: con attaccatura moderatamente alta; curvata all'estremità.
Altezza: 66-71 cm i maschi; 61-66 cm le femmine.
Peso: 27 kg circa.
Carattere: razza antica, originaria dell'Egitto, in passato impiegata dall'uomo per procurarsi il cibo. Oggi è un cane da compagnia elegante e dal temperamento fiero e generoso. Intelligente e curioso, è molto affezionato al proprio padrone, nei confronti del quale si dimostra dolce, affettuoso e molto docile. È invece diffidente verso gli estranei e ha bisogno di essere educato con le buone maniere. Ricco di insospettata vitalità e di allegria, non è mai aggressivo e ha un ottimo rapporto con i bambini.
Movimento: è preferibile farlo vivere in casa perché soffre particolarmente il freddo, ma richiede molto esercizio fisico, per questo deve avere la possibilità di fare lunghe corse e passeggiate ogni giorno.
Cura: il lungo pelo richiede cure frequenti, impegno e costanza. Per mantenerlo lungo e setoso deve essere sottoposto a tolettatura con una spazzola a setole dure giornalmente e lavato spesso con prodotti specifici (almeno ogni quindici giorni); il pelo può diventare rapidamente opaco, se non riceve sufficienti cure.

Lhasa apso

Testa: avvolta da abbondante pelo che ricade sugli occhi; il cranio è piuttosto stretto, il muso di media lunghezza e lo stop medio.
Occhi: ovali, di medie dimensioni, non sporgenti, né incassati.
Orecchie: pendono ai lati del muso, coperte da lunghe frange.
Pelo: lungo, ruvido e diritto con folto sottopelo; presenta una linea di divisione netta lungo il dorso.
Colori: può essere sabbia, miele, dorato, ardesia, grigio scuro, fumo, nero, bianco e marrone.
Tronco: massiccio e ben allungato; la lunghezza del corpo è maggiore dell'altezza al garrese.
Arti: corti, diritti, ben forniti di pelo; molto solidi e con buona muscolatura.
Coda: con attaccatura alta, annodata, portata sopra il dorso e coperta da lunghe e folte frange.
Altezza: 25,5-28 cm i maschi; 23-25,5 cm le femmine.
Peso: 6-7 kg.
Carattere: razza originaria del Tibet dal temperamento forte e determinato con una personalità molto marcata. È un buon cane da compagnia, allegro e vivace, in grado di apprende facilmente grazie alla sua innata intelligenza. Giocherellone ma diffidente con gli estranei, ama molto il suo padrone ed è un buon cane da guardia anche grazie al suo abbaiare forte e persistente. Le femmine hanno uno spiccato senso di maternità. Visto il suo carattere diffidente è importante che da piccoli socializzino presto con l'uomo.
Movimento: particolarmente adatto per vivere in appartamento, sarà sufficiente accompagnarlo in belle passeggiate quotidiane all'aperto, durante le quali potrà dare libero sfogo alla sua vitalità.
Cura: a causa del suo lungo pelo è necessario spazzolarlo almeno due volte alla settimana e fargli il bagno con balsamo ogni due settimane. Pulite con regolarità anche gli occhi e i baffi.

Maltese

Testa: cranio appena più lungo del muso.
Occhi: con espressione vivace e attenta, grandi e tondi.
Orecchie: larghe, inserite alte; pendono aderendo al cranio.
Pelo: denso, lucido, brillante, sericeo. Lunghissimo e dritto, è privo di sottopelo.
Colori: bianco puro, ma ammesso anche l'avorio pallido. Sono tollerate alcune sfumature limone sulle orecchie. Le mucose visibili e le labbra devono essere nere; la pelle pigmentata con chiazze scure.
Tronco: torace ampio e abbassato; dorso rettilineo fino alla coda.
Arti: ben in appiombo e solidi.
Coda: grossa alla radice e fine in punta; viene portata curva e la punta sfiora la groppa.
Altezza: 21-25 cm i maschi; 20-23 cm le femmine.
Peso: 3-4 kg.
Carattere: da sempre noto come razza da compagnia, il motivo della sua diffusione è da ricercarsi oltre che nel carattere particolarmente positivo, nella bellezza del pelo lungo e setoso. Malgrado la piccola taglia e il pelo che lo rendono simile a un peluche è particolarmente robusto. Diffidente verso gli estranei, è intelligente, allegro e festoso, un ideale cane da compagnia e da famiglia. Ama giocare con i bambini ed è particolarmente adattabile. Impara presto comportamenti e abitudini di chi ama e con lui instaura un dialogo muto, basato sull'intuito e la pronta risposta.
Movimento: gli bastano le normali passeggiate quotidiane, ma è buon compagno anche per escursioni più ardue.
Cura: il suo pelo bianco, lunghissimo e setoso necessita di molte cure: bagni, pettinature quotidiane, perfette tolettature. La muta del pelo da cucciolo ad adulto è l'unico momento in cui il maltese richiede particolare attenzione per evitare infeltrimenti. Nell'adulto, poiché il mantello ha poco sottopelo, risulterà sufficiente una tolettatura settimanale.

Mastino napoletano

Testa: grossa e coperta da rughe e pliche, con cranio largo e piatto e stop ben definito.
Occhi: incassati, di colore scuro e con palpebre pendenti.
Orecchie: di medie dimensioni, triangolari, inserite alte e pendenti.
Pelo: raso, liscio, denso e privo di frange, della stessa lunghezza su tutto il corpo.
Colori: nero, blu, grigio, mogano o fulvo; sono ammesse la tigratura marrone chiaro e le macchie bianche al petto.
Tronco: un po' più lungo dell'altezza al garrese.
Arti: sia i posteriori che gli anteriori devono essere in appiombo, con ossatura robusta e sempre ben proporzionata, e muscolatura ben sviluppata ed evidente.
Coda: grossa alla base, si restringe progressivamente; può essere amputata e 1/3 della lunghezza.
Altezza: 66-79 cm i maschi; 61-73,5 cm le femmine.
Peso: 50-70 kg.

Carattere: è una delle razze italiane più antiche e apprezzate del mondo. Ottimo cane da guardia, indicato per la difesa della proprietà, è allo stesso tempo un cane affettuoso e struggente con le persone alle quali è affezionato: estremamente docile con il proprio padrone e dolce con la famiglia che lo accoglie. Deve però essere addestrato con dolcezza, poiché la violenza lo rende aggressivo e ingovernabile.
Movimento: difficilmente si adatta alla vita in appartamento, quindi è meglio acquistarlo se si dispone di un ampio giardino dove può praticare tutto il movimento di cui ha bisogno. Soffre molto il freddo per questo in inverno deve poter dormire in ambienti riscaldati.
Cura: le pieghe della pelle nella zona facciale possono favorire le infezioni, quindi devono essere trattate con cura: per prevenirle è necessaria un'attenta pulizia della zona intorno alla bocca, dove si possono depositare resti di cibo.

Parson jack russel terrier

Testa: cranio piatto, di larghezza media, ampio fra le orecchie si restringe progressivamente in corrispondenza degli occhi; muso robusto e squadrato.
Occhi: scuri, a forma di mandorla, piuttosto infossati e di medie dimensioni.
Orecchie: piccole, a forma di V, cadenti in avanti e aderenti alla testa.
Pelo: naturalmente arruffato, serrato e denso, sia liscio che duro.
Colori: interamente bianco con macchie marroni chiare, limone o nere, preferibilmente limitate alla testa o alla radice della coda.
Tronco: torace di moderata profondità; dorso solido e diritto e groppa leggermente arcuata.
Arti: forti e muscolosi, devono essere diritti con articolazioni non rivolte né in dentro né in fuori.
Coda: attaccata non alta, prosegue la linea del dorso ed è portata alta.
Altezza: 35,5 cm i maschi; 33 cm le femmine.
Peso: 6-7 kg.
Carattere: è un cane da lavoro, robusto ed estremamente attivo, bravissimo cacciatore e ottimo cane da guardia, che deve il suo nome al suo fondatore, un pastore (*parson*) anglicano, John Russel. Gentile, simpatico e giocherellone, è oggi assai diffuso come cane da compagnia. Non è particolarmente paziente e, se frustrato, si sfoga mordicchiando tutto ciò che trova. Per questo non è il cane ideale per una famiglia con bambini piccoli.
Movimento: vive molto volentieri in casa, ma è un cane abituato alla caccia e alla fatica perciò non è facile convincerlo a stare per troppo tempo fermo. Non ama la vita sedentaria e inattiva quindi, se decidete di acquistarne uno, dovete mettere in conto di lasciarlo libero di tanto in tanto, perché possa fare qualche bella corsa in giardino oppure nei campi.
Cura: richiede una tolettatura moderata, è sufficiente spazzolarli con una spazzola a setole dure ogni due o tre giorni.

Pastore bergamasco

Testa: lunga, grossa, con stop accentuato e tartufo nero.
Occhi: grandi, marroni più o meno scuro secondo il colore del mantello; ciglia lunghe in grado di sollevare i peli della fronte che ricadono davanti agli occhi.
Orecchie: con attaccatura alta, semipendenti, con frange.
Pelo: pelo molto abbondante in tutto il corpo, in particolare a metà del tronco, e con la tipica tessitura ruvida detta "a boccoli".
Colori: ammesse tutte le tonalità di grigio fino al nero, anche con sfumature fulve o bianche.
Tronco: la lunghezza è pari all'altezza al garrese.
Arti: in appiombo e ben proporzionati rispetto al tronco, con muscolatura ben sviluppata.
Coda: deve apparire grossa, robusta e totalmente ricoperta di pelo.
Altezza: 60 cm i maschi; 56 cm circa le femmine.
Peso: 26-38 kg.
Carattere: è un ottimo cane da pastore, impiegato per governare le greggi di pecore e le mandrie di bovini, ma sa svolgere anche il compito di cane da compagnia per la famiglia. È un prezioso amico, protettivo e dolce nei confronti dei bambini, con i quali ama giocare. Molto affidabile, collaborativo e lieto di rendersi utile, potrete riuscire a insegnargli qualunque cosa; ma mettete sempre in conto che potrebbe rifiutarsi di ubbidire a un ordine inutile. Sa essere anche un ottimo guardiano, vigile e attento, capace di intervenire con prontezza, dosando le proprie forze a seconda delle esigenze.
Movimento: vive bene anche in appartamento, ma ama stare all'aperto perciò ha bisogno quotidiane passeggiate.
Cura: il bagno deve limitarsi a un paio di volte all'anno, è importante non spazzolare il mantello quando il pelo è bagnato. Una volta asciutto potete pettinare la barba e il ciuffo sugli occhi.

Pastore catalano

Testa: muso piuttosto corto e canna nasale diritta.
Occhi: rotondeggianti e di color ambra scuro, espressivi e con sguardo vivo.
Orecchie: attaccate alte, sottili, penzolano aderenti al capo.
Pelo: ruvido, ondulato negli arti, lungo e setoso nel resto del corpo, con abbondante sottopelo.
Colori: peli neri e bianchi, o neri e fulvi mescolati; non sono ammesse macchie bianche.
Tronco: leggermente allungato, forte e muscoloso; dorso rettilineo e torace largo, ben sviluppato e disceso.
Arti: anteriori forti, diritti e ben in appiombo; posteriori muscolosi e potenti su ossatura forte.
Coda: inserita piuttosto bassa, può essere lunga, corta o assente.
Altezza: 45-50 cm i maschi; 43-48 cm le femmine.
Peso: 18 kg circa i maschi; 16 kg circa le femmine.

Carattere: non molto diffuso in Italia, è un cane dal temperamento forte e vivace. È particolarmente indicato per chi cerca un cane per custodire il gregge o il bestiame, motivo per cui la razza è stata selezionata per anni, ma è anche un ottimo cane da compagnia; si affeziona con facilità a tutti i membri delle famiglia ed è molto tollerante e paziente con i bambini. Diffidente con gli estranei, tanto da sembrare talvolta poco socievole, è anche un valido cane da guardia.
Movimento: anche se può vivere in casa è sconsigliato a chi possiede solo un piccolo appartamento poiché, oltre ai problemi che potrebbero comportare il pelo e la taglia, è un cane che necessita di molto movimento. È semmai preferibile tenerlo in giardino, dove potrà svolgere tutta l'attività fisica di cui ha bisogno.
Cura: non richiede particolari cure, né per quanto riguarda l'alimentazione, né per quanto riguarda la cura del mantello. È un cane molto rustico e di poche esigenze.

Pastore maremmano

Testa: grande e piatta, "da orso".
Occhi: proporzionati, con iride color ocra o marrone scuro.
Orecchie: con attaccatura alta, piccole e di forma triangolare. Nei cani da lavoro vengono tagliate.
Pelo: abbondante, ruvido, lungo e ben aderente; corto sulla testa, forma un bel collare intorno al collo e frange sugli arti. Abbondante sottopelo invernale.
Colori: bianco; tollerate limitate sfumature avorio o arancio.
Tronco: petto ampio e abbassato; groppa larga, robusta e muscolosa; ventre leggermente risalente.
Arti: spalla lunga, inclinata e muscolosa; posteriore sviluppato e proporzionato.
Coda: inserita bassa, lunga e con pelo folto. In eccitazione viene portata ricurva sul dorso.
Altezza: 65-73 cm i maschi; 60-68 cm le femmine.
Peso: 35-45 kg i maschi; 30-40 kg le femmine.

Carattere: come cane da pastore era utilizzato per la difesa del gregge da animali o estranei. Difende tutto ciò che è più piccolo e più debole e in questo si dimostra straordinario compagno per i bambini. È buono, intelligente, devoto alla famiglia e con un innato istinto da guardia.
Movimento: ama la vita all'aria aperta e non sopporta la monotonia. È poco adatto alla vita di appartamento ed è meglio potergli garantire un giardino ombreggiato (soffre molto il caldo).
Cura: malgrado il pelo bianco lungo e abbondante, è un cane che sa mantenersi pulito, non sarà necessaria quindi più di qualche spazzolatura periodica. Non lavatelo eccessivamente (è sufficiente una volta l'anno). Ricordate che si tratta di un cane "rustico", sia costituzionalmente sia psicologicamente; va quindi abituato gradatamente e fin da piccolo a qualsiasi cosa, anche alla tolettatura. Mantenete sotto controllo lo stato di salute delle orecchie.

Pastore tedesco

Testa: proporzionata al corpo; stop poco pronunciato; tartufo sempre nero.
Occhi: il più scuro possibile; espressione dolce e intelligente.
Orecchie: larghe alla base e attaccate alte; stanno diritte ai lati della testa con il padiglione girato in avanti.
Pelo: folto e con sottopelo tranne che nel tipo a pelo lungo.
Colori: sono ammessi mantelli neri, grigio ferro o grigio cenere, fulvi, monocolori o con colori zonali.
Tronco: petto profondo, dorso diritto e sviluppato; groppa lunga, appena spiovente.
Arti: forti e di buona muscolatura, permettono scatto e velocità.
Coda: coperta da folto pelo; a riposo pende leggermente ricurva e in allerta si alza incurvandosi, mai eccessivamente.
Altezza: 61-66 cm i maschi; 56-61 cm le femmine.
Peso: 34-43 kg.
Carattere: razza di antica origine, si presume derivi da un incrocio tra un cane pastore e un lupo vero. Molto coraggioso e intelligente, è la razza ideale per l'addestramento al lavoro, è infatti diffusissimo come cane da soccorso, poliziotto e per la guida dei non vedenti. Devoto nei confronti del padrone, è fedele e risponde bene all'addestramento. Ha bisogno di riconoscere un solo padrone e di essere educato con la dovuta fermezza. Accetta di buon grado la compagnia di bambini e di altri animali domestici.
Movimento: è un cane pieno di energia che bisogna far camminare, correre e che deve in qualche modo "sentirsi utile". Il poco movimento, infatti, può farlo crescere debole e quindi è più adatto a vivere in giardino che in appartamento.
Cura: niente di più che una periodica spazzolatura del pelo. Come tutte le razze a mantello semilungo gli interventi saranno più frequenti durante la muta stagionale, con particolare attenzione alla zona del collare e delle coulotte. È sensibile all'umidità.

Pechinese

Testa: cranio massiccio e ampio; piatto fra le orecchie.
Occhi: grandi, sporgenti e scuri.
Orecchie: pendenti, a forma di cuore, aderiscono ai lati del capo.
Pelo: molto lungo e dritto, con folto sottopelo.
Colori: sono ammesse tutte le colorazioni di mantello uniformi o a macchie (in questo caso le zone devono essere ben definite). Non vengono accettati mantelli albini o color fegato.
Tronco: la dorsale è diritta e il torace ampio, con costato ben sviluppato.
Arti: corti e pesanti.
Coda: attaccata alta sulla groppa e leggermente curvata sul dorso.
Altezza: fino a 23 cm.
Peso: 5 kg per i maschi; 5,5 kg per le femmine.
Carattere: scoperto dagli europei soltanto a metà dell'Ottocento, il pechinese è stato per secoli venerato in Cina come cane sacro e la sua esportazione e vendita era vietata. Questa posizione privilegiata ha probabilmente conferito l'atteggiamento aristocratico e distaccato nei confronti degli estranei che contraddistingue la razza. Allegro e giocherellone, coraggioso, aristocratico e orgoglioso. Ama essere al centro dell'attenzione e quindi, pur non rifiutandosi di giocare con i bambini, una lunga convivenza con essi può far insorgere fenomeni di competizione.
Movimento: gli bastano le normali passeggiatine quotidiane tipiche dei cani di città, ma non disdegna all'occasione escursioni più lunghe e corse all'aperto. Attenzione a non affaticarlo in giornate troppo calde, poiché il muso schiacciato può causargli difficoltà respiratorie.
Cura: necessita di una quotidiana cura del pelo e periodici tagli di aggiustamento. È soggetto a disturbi agli occhi che vanno quindi tenuti sempre ben puliti e periodicamente controllati. Come tutte le razze con il muso schiacciato è necessario pulire periodicamente le pieghe del muso.

Pinscher nano

Testa: stretta e piuttosto allungata, più lunga che tonda; muso corto, diritto e sottile.
Occhi: di media grandezza, scuri, lucidi e leggermente ovali.
Orecchie: piccole, con attaccatura alta ed erette.
Pelo: di uguale lunghezza in tutto il corpo; sempre liscio, corto e fitto, preferibilmente lucido e ben aderente alla cute.
Colori: monocolore (rosso bruno nelle sue differenti sfumature fino a rosso cervo) e bicolore (cioccolato e rosso oppure nero e rosso), con macchie focate ben definite il più possibile scure e intense.
Tronco: torace piuttosto ampio e pieno, discende con buona curvatura fino all'altezza del gomito.
Arti: diritti e forti, adatti alla corsa, con ossatura leggera e ben proporzionata.
Coda: piuttosto alta e portata sollevata, prosegue la linea del dorso.
Altezza: 25-30 cm.
Peso: 4,5 kg circa.

Carattere: razza originaria della Germania che risale al XVIII secolo. È un cane elegante e leggero, con una buona intelligenza e una spiccata attitudine all'apprendimento. La sua perseveranza è uno degli elementi fondamentali del suo temperamento. È un eccellente, se pure piccolo, cane da guardia, che dimostra un sorprendente coraggio rispetto alle sue minute dimensioni. Ha un carattere piacevole e si affezione facilmente, per questo può diventare un ottimo compagno per tutta la famiglia e soprattutto per i bambini con cui ama giocare.
Movimento: date le piccole dimensioni e il pelo raso, è un ottimo cane da appartamento. Essendo però molto vivace e attivo, necessita di frequenti passeggiate al parco.
Cura: non richiede cure particolare, ma soltanto una spazzolatura giornaliera e una strofinata con un panno di seta o di camoscio per mantenere il suo mantello lucido e in ordine.

Pointer inglese

Testa: di media larghezza con stop pronunciato e muso leggermente concavo.
Occhi: rotondi, di color ocra scuro in armonia con la tonalità del mantello.
Orecchie: attaccate piuttosto alte, al livello degli occhi, sono di media lunghezza, pendono fin sotto la linea della mandibola e terminano a punta.
Pelo: raso, liscio e lucido.
Colori: bianco, nero, nero focato, arancio, fulvo, limone, rosso, marrone in tutte le gradazioni.
Tronco: torace profondo ma non ampio, con sterno evidente.
Arti: sono ben sviluppati e muscolosi, perfettamente in appiombo.
Coda: lunga e affusolata, senza ricciolo; spessa alla radice, si assottiglia gradualmente; in genere viene portata in linea con il dorso.
Altezza: 63,5-71 cm i maschi; 58,8-66 cm le femmine.
Peso: 25-34 kg i maschi; 20,5-30 kg le femmine.
Carattere: ottimo cane da caccia potente e agile, adatto a lavorare da solo ma anche con altri cani, famoso soprattutto per la sua velocità e la sua ferma statuaria. Si affeziona molto al suo padrone verso il quale si dimostra leale e devoto. Tende ad essere riservato con gli estranei.
Movimento: essendo un cane molto energico deve potersi sfogare con lunghe corse. Da evitare questo cane se si desidera tenerlo in appartamento come cane da compagnia: se non gli viene data la possibilità di correre e muoversi liberamente, diventerà triste, depresso e potrebbe "sfogare" la sua energia con mobili e oggetti che gli capitano a tiro. Sono abbastanza attivi e quindi necessitano di un giardino.
Cura: per mantenere il suo mantello ordinato e pulito è sufficiente una spazzolata al giorno con una spazzola dalle setole dure. Controllate sempre i cuscinetti plantari e i condotti uditivi dopo le uscite in campagna.

Rottweiler

Testa: di media lunghezza, larga fra le orecchie; il muso è robusto e deve essere lungo quanto il cranio.
Occhi: a mandorla incassati e di colore marrone scuro.
Orecchie: con attaccatura alta, piccole e triangolari, di media grandezza, portate in avanti.
Pelo: di media lunghezza, duro, grossolano, aderente e compatto. Il sotto pelo non deve sporgere dal pelo.
Colori: nero con focature marrone-rossicce ben delimitate su guance, muso, petto e arti, oltre che sopra gli occhi e sotto la radice della coda.
Tronco: petto ampio, linea dorsale diritta, forte e solida.
Arti: ben sviluppati, forti, robusti e con larga muscolatura.
Coda: prosegue la linea del dorso; può essere portata sopra l'orizzonte.
Altezza: 61-68 cm i maschi; 56-63 cm le femmine.
Peso: 50 kg circa.

Carattere: viene considerata una delle razze canine più antiche, addirittura risalente all'epoca romana. Nato come cane da pastore, venne in seguito utilizzato come cane da difesa e perfino da traino. Agli inizi del Novecento si diffuse particolarmente come cane poliziotto e oggi come cane da compagnia. È affettuoso, docile, perfettamente equilibrato dal punto di vista nervoso, tranquillo ma sempre attento e pronto a intervenire in caso di bisogno. Dimostra devozione nei confronti dei familiari e ama i bambini.
Movimento: richiede movimento regolare, con lunghe passeggiate almeno due volte al giorno se vive in appartamento. Meglio potergli mettere a disposizione un giardino (può tranquillamente dormire all'esterno).
Cura: il mantello raso, folto, completato dal sottopelo, non ha particolari necessità; passatelo spesso con un panno umido per eliminare i peli morti e mantenerlo lucido.

Samoiedo

Testa: ampia con cranio piatto e cuneiforme, il muso è a punta.
Occhi: ben distanziati, a mandorla, preferibilmente scuri.
Orecchie: triangolari, spesse e arrotondate in punta; ben distanziate e portate erette.
Pelo: lungo e diritto, non deve aderire al corpo; il sottopelo è folto e soffice.
Colori: bianco o bianco biscotto.
Tronco: alto e ben compatto.
Arti: ben collocati e muscolosi, dotati di forte ossatura.
Coda: lunga, con folto pennacchio e portata sopra il dorso.
Altezza: 51-57 cm i maschi; 48- 53 cm le femmine.
Peso: 20-30 kg.
Carattere: razza antichissima originaria della Siberia, dove veniva utilizzata per il traino delle slitte, la caccia e il controllo delle mandrie. Negli ultimi anni sta riscuotendo un notevole successo sia per la fedeltà che per la bellezza. Pur caratterizzandosi per una certa indipendenza, si dimostra una razza particolarmente intelligente, devota, obbediente ed estremamente paziente. Tende però ad abbaiare molto.
Movimento: una razza che si è sviluppata nei grandi spazi nordici non può che risentire della vita al chiuso di un appartamento. Ha piuttosto bisogno di movimento e di aria aperta. Chiaramente soffre molto il caldo e adora la neve.
Cura: caratterizzato da un folto mantello con ricco sottopelo, ha bisogno di frequenti spazzolature. Malgrado il colore bianco candido, si mantiene pulito senza ricorrere eccessivamente al bagno. Alcuni soggetti presentano una muta stagionale particolarmente impoverente (è una caratteristica legata alla linea di sangue) e, nel caso si desideri partecipare comunque a esposizioni, sarà necessario lavarli senza spazzolarli. Controllare spesso gli orecchi e accorciare regolarmente il pelo tra le dita.

Sanbernardo

Testa: imponente con cranio convesso.
Occhi: di media grandezza, puntati in avanti e di colore marrone scuro.
Orecchie: attaccate alte, ricadono ai lati.
Pelo: esistono due varietà, a pelo lungo e a pelo corto, entrambe con pelo folto e piatto.
Colori: bianco con un po' di rosso o rosso (diverse tonalità) con un po' di bianco (sempre su petto, piedi, estremità, coda, collare, naso, nuca). Molto ricercati i soggetti con mascherina scura sul muso. Mai unicolore.
Tronco: torace moderatamente disceso; dorso molto largo e diritto.
Arti: potenti, con muscolatura molto sviluppata ed evidente.
Coda: grossa e lunga, a riposo pende verso il basso, altrimenti è portata alta.
Altezza: oltre i 70 cm i maschi; 65 cm le femmine.
Peso: 65-80 kg.
Carattere: razza antica utilizzata in passato per la guardia, come cane pastore, da lavoro e da difesa. Considerato il cane di montagna per eccellenza è noto per le grandi doti e il coraggio dimostrato nella ricerca e il salvataggio di persone rimaste vittima di valanghe o incidenti ad alta quota. Di grossa taglia, robusto e vigoroso, ha carattere mansueto e si lega molto alla casa e alla famiglia. Con un buon addestramento diventa un ottimo cane da guardia e per la difesa delle persone. Molto paziente nei confronti dei bambini, dimostra un'innato senso del pericolo e una forte intelligenza. Data la mole e la forza va sottoposto a un buon addestramento per essere certi di riuscire a controllarlo con i soli comandi vocali.
Movimento: per mantenersi in buona salute necessita di molto movimento, di ampi spazi in cui correre libero. Anche se vive in giardino, occorre farlo uscire a passeggio almeno un paio di volte al giorno.
Cura: ha mantello denso, dotato di un folto sottopelo e che va mantenuto costantemente spazzolato.

Schnauzer

Testa: stop pronunciato, tartufo nero e labbra nere.
Occhi: ovali e scuri.
Orecchie: possono essere tagliate oppure no (portate a V rovesciata oppure piccole ed erette).
Pelo: fitto sottopelo e pelo di copertura più lungo e duro, a "fil di ferro".
Colori: pepe e sale o nero, con mascherina scura e armonica con il colore del mantello. Indesiderate eventuali macchioline bianche.
Tronco: caratteristica la forma compatta; il dorso è corto e in lieve pendenza.
Arti: diritti e con forte muscolatura.
Coda: attaccata alta e portata all'insù.
Altezza: gigante 60-70 cm; medio 45-50 cm; nano 30-35 cm.
Peso: gigante 35 kg; medio 15 kg; nano 3-5 kg.
Carattere: si dimostrano eccezionali cani da guardia e in passato sono anche stati stimati cacciatori di topi. Coraggioso e fedele, giocherellone, paziente con i bambini, intelligente, ha un ottimo istinto da guardia. Il tipo nano dimostra l'irrequietezza tipica dei cani di piccola taglia e deve quindi essere addestrato con maggiore fermezza.
Movimento: le esigenze di moto sono proporzionali alla taglia prescelta e vanno dalle poche pretese del nano alle lunghe passeggiate e corse in libertà del gigante. Non è particolarmente insofferente alla vita al chiuso, a patto che gli si garantisca un'attività fisica regolare: per gli schnauzer di taglia media e gigante l'ideale è poter usufruire di un giardino in cui possano scorrazzare liberamente; mentre per la taglia nana può andar bene anche la vita in appartamento.
Cura: spazzolature periodiche. Possono essere sufficienti due soli interventi di stripping all'anno, a patto che il cane sia mensilmente sottoposto a una tolettatura di riordino detta trimming. Non sono più obbligatori né il taglio a punta degli orecchi e né l'accorciamento della coda.

Scottish terrier

Testa: allungata, ma proporzionata al corpo, con cranio piatto e naso grande.
Occhi: scuri, piccoli e a mandorla, ben distanziati e inseriti profondamente sotto l'arco sopraccigliare.
Orecchie: piccole, erette e a punta, di spessore sottile, inserite sulla sommità del cranio, ma non troppo ravvicinate.
Pelo: fitto, liscio a due strati, con sottopelo corto, denso e morbido e mantello di copertura duro denso e ruvido.
Colori: nero, grano o tigrato di qualsiasi sfumatura.
Tronco: torace ampio e profondo, disceso e ben pronunciato; dorso proporzionalmente corto e molto muscoloso.
Arti: diritti e con buona ossatura.
Coda: spessa, affusolata, coperta da pelo corto e duro.
Altezza: 25,5 cm.
Peso: 8,5-10 kg i maschi; 8-9,5 kg le femmine.
Carattere: forse la razza più antica di terrier britannico, ha un temperamento affabile, protettivo e coccolone nei confronti delle persone della famiglia, tra le quali sceglie quella di sua fiducia, mentre con gli estranei è spesso diffidente. Noto per la sua ostinazione, è però abbastanza emotivo, per cui bisogna effettuare un addestramento non troppo severo. Adora i bambini ed è un grande giocherellone; non abbaia spesso.
Movimento: è un cane che può vivere tranquillamente in appartamento, a patto che possa trascorrere ogni giorno delle ore all'aperto. Ama giocare con la palla ed è molto sportivo, per mantenerlo in buona salute è preferibile tenerlo in allenamento, facendogli fare lunghe passeggiate nel parco vicino casa.
Cura: il suo pelo deve essere spazzolato spesso per rimuovere la polvere e lo sporco che si annida tra le frange di zampe, pancia e barba. Deve essere tolettato con la barba e le sopracciglia lunghe in modo che il profilo allungato della testa risalti rispetto al corpo.

Setter inglese

Testa: lunga, affusolata, con muso piuttosto squadrato e canna nasale dritta.
Occhi: piuttosto grandi, quasi rotondi, marrone scuro e con palpebre bordate di scuro; sono brillanti, dolci ed espressivi.
Orecchie: con attaccatura bassa, a livello degli occhi o sotto, e arretrate; pendenti sulle guance.
Pelo: appena ondulato, lungo e setoso.
Colori: nero, nero e bianco, limone e bianco, bianco e arancio, nero-bianco focato; Ricercati i mantelli picchiettati, ma le macchie non devono mai essere troppo grandi.
Tronco: forte e muscoloso, con groppa larga e scoscesa.
Arti: visti da dietro anca, ginocchio e garretti si muovono perfettamente allineati.
Coda: naturale proseguimento della linea dorsale, termina a punta ed è portata diritta, a livello del dorso; è di media lunghezza, frangiata e affusolata.
Altezza: 56-62 cm i maschi; 53-58 cm le femmine.
Peso: 20-30 kg.
Carattere: nasce come cane da caccia e anche gli esemplari non addestrati allo scopo mostrano istintivamente un'incredibile tendenza alla punta e alla localizzazione della preda. È un cane eccezionalmente bello ed elegante e quindi, oltre che per la caccia, è tuttora diffuso come cane da compagnia. È un cane tranquillo dal carattere dolce e affettuoso e si lega molto al proprio padrone.
Movimento: non si adatta molto alla vita in città perché ha bisogno di stare all'aria aperta in ampi spazi, per correre e scorrazzare in libertà. Ama l'acqua.
Cura: occorre dedicare adeguate cure al mantello che necessita di spazzolature periodiche. Dato che ama correre nei prati fate attenzione ai parassiti e alla pulizia dei condotti auricolari. Per enfatizzare le caratteristiche della razza (testa elegante, slancio del collo ecc.) occorre di tanto in tanto accorciare anche il pelo della testa, del collo e delle zampe.

Setter irlandese

Testa: lunga, stretta e ben delineata, con il cranio ovale.
Occhi: marrone o nocciola scuro, ben distanziati, a mandorla e di medie dimensioni.
Orecchie: attaccate basse sulla testa, a livello degli occhi o più in basso; arretrate, pendono ai lati del muso.
Pelo: lungo, fine, non ondulato e ben aderente al corpo.
Colori: monocolore rosso mogano dorato e brillante, senza la minima traccia di nero.
Tronco: armonioso e proporzionato con torace profondo, ben disceso fino al gomito e di media larghezza; petto stretto e garrese molto elevato.
Arti: in perfetto appiombo con ottima muscolatura.
Coda: di lunghezza moderata, frangiata, con attaccatura bassa, ampia alla base, termina a punta.
Altezza: 68,5 cm i maschi; 63,5 cm le femmine.
Peso: 32 kg i maschi; 27 kg le femmine.
Carattere: attivo e dotato di un olfatto finissimo, è considerato uno dei più bei cani da caccia, estremamente veloce ed elegante. È un cane molto affettuoso e dotato di una grande intelligenza, ma è anche irruente e pieno di vitalità, quindi è opportuno educarlo fin da piccolo con fermezza, perché è molto indipendente e tende a fare di testa sua. Con i bambini si dimostra buono e molto affettuoso.
Movimento: è un cane da caccia che ama la corsa e la vita all'aperto, quindi è meglio non acquistare questa razza se non potete garantirle ogni giorno l'opportunità di fare tutto il movimento di cui ha bisogno. Se non può soddisfare la sua necessità di muoversi, il setter irlandese diventa distruttivo, soprattutto se rimane per lungo tempo solo in casa.
Cura: il suo mantello deve essere curato e spazzolato periodicamente. È d'obbligo spazzolarlo e pulirlo soprattutto dopo le uscite nei prati, poiché nel lungo pelo si possono annidare dei parassiti.

Shar pei

Testa: grande in rapporto con il corpo, con ampio stop; muso lungo e largo.
Occhi: di grandezza media, scuri, a mandorla, profondamente infossati nelle orbite; gli danno un aspetto aggrottato.
Orecchie: piccole, spesse e a forma di triangolo equilatero, con punta leggermente arrotondata, attaccate molto alte e ripiegate verso gli occhi.
Pelo: corto e irsuto, privo di sottopelo.
Colori: qualsiasi colore uniforme tra nero, focato, bruno scuro, beige e panna, spesso sfumati.
Tronco: torace largo e profondo e dorso corto; numerose pieghe della pelle ricoprono tutto il corpo.
Arti: anteriori diritti e di lunghezza moderata, con ossatura solida; posteriori forti e muscolosi.
Coda: attaccata alta, grossa, rotonda e portata di lato, a ricciolo.
Altezza: 49-51 cm.
Peso: 20-25 kg i maschi; 16-20 kg le femmine.

Carattere: originario della Cina, è un cane dal carattere amabile e benevolo, di piacevole compagnia, molto intelligente, attivo e amante del gioco. Molto unito alla famiglia con la quale ama vivere a stretto contatto, non mostra aggressività né verso gli estranei, né tantomeno verso gli altri animali, con i quali, abituato fin da piccolo, non avrà problemi di convivenza. Non ama essere lasciato solo in casa, durante l'assenza del padrone potrebbe combinarne di tutti i colori.
Movimento: può vivere bene anche se tenuto in appartamento a patto che gli venga data l'opportunità di correre e giocare in spazi verdi almeno una volta al giorno, per sfogarsi, poiché è un cane abbastanza vivace.
Cura: lavatelo al massimo quattro o cinque volte l'anno con uno shampoo neutro e spazzolatelo quotidianamente durante i periodi di muta, in modo da favorire la ricrescita di un mantello sano, rimuovendo così il pelo morto e in eccesso.

Shih tzu

Testa: rotonda e spaziosa tra gli occhi; muso quadrato e corto.
Occhi: grandi, rotondi, di colore scuro, ben distanziati e puntati in avanti.
Orecchie: grandi, lunghe e pendenti, con pelo talmente ricco da fondersi con quello del collo.
Pelo: lungo e abbondante (non arricciato), ruvido e diritto con abbondante sottopelo; presenta una linea di divisione netta lungo il dorso.
Colori: ammessi tutti i colori. In quelli a più colori è pregevole la banda bianca sulla testa e la punta bianca della coda.
Tronco: il torace è ampio e profondo, con le costole che scendono sotto il livello dei gomiti; la dorsale è diritta.
Arti: corti e di buona ossatura.
Coda: molto folta e portata arrotolata sulla schiena.
Altezza: massimo 26,5 cm.
Peso: 4-7 kg.
Carattere: razza di antiche origini tibetane, allevata dai monaci dei monasteri come cane da guardia e diffusa in Occidente solo agli inizi del Novecento, grazie ad alcuni viaggiatori inglesi. Ubbidiente, dolce e intelligente, si lega molto a tutti i membri della famiglia. Molto vivace e attivo, dal carattere estremamente giocherellone, è un cane dal temperamento indipendente, quindi va addestrato adeguatamente fin da cucciolo.
Movimento: non ha particolari esigenze di movimento, ma tende a ingrassare. È sufficiente assicurargli, quindi, un paio di passeggiate e qualche corsa al giorno.
Cura: il pelo lungo e folto, provvisto di sottopelo richiede periodiche tolettature e interventi quotidiani di spazzola e pettine. Gli occhi devono essere mantenuti ben puliti e, per evitare disturbi, teneteli liberi legando i peli a ciuffo sopra la testa. Periodicamente è necessario accorciare il pelo delle zampe e quello tra le dita per evitare la formazione di nodi e grumi di sporcizia. Curate l'alimentazione: è goloso e ingrassa facilmente.

Siberian husky

Testa: cranio piuttosto arrotondato, muso di media lunghezza, che diventa più stretto al tartufo.
Occhi: a mandorla e leggermente obliqui; espressione vivace e amichevole; a volte dal colore diverso l'uno dall'altro.
Orecchie: triangolari e attaccate alte, ricoperte di pelo e puntate verso l'alto.
Pelo: doppio, lungo e con sottopelo.
Colori: sono ammessi tutti i colori: dal grigio lupo al grigio argentato, dalle tonalità sabbia fino ad arrivare al nero con macchie bianche.
Tronco: torace profondo e forte, ma non troppo largo; dorso diritto e muscoloso.
Arti: muscolatura agile e ben sviluppata.
Coda: ricca di pelo, a spazzola; in genere viene portata arrotolata sopra il dorso.
Altezza: 53-60 cm i maschi; 51-56 cm le femmine.
Peso: 20,5-27 kg i maschi; 16-22,5 kg le femmine.
Carattere: razza nordica di origine antica, utilizzata per il traino e la caccia, quindi forte e resistente, viene tutt'oggi fatta gareggiare nelle corse di slitte. È molto adattabile e riesce a vivere in qualsiasi clima (sopporta fino ai 50° sotto zero). È un cane fedele, intelligente, obbediente e amichevole e in questi anni sta vivendo un vero boom di popolarità, grazie alla grande intelligenza e disponibilità di carattere. Buon lavoratore, non ha alcun istinto da guardia, ma è socievole e non dimostra diffidenza verso gli estranei.
Movimento: vivace e grande lavoratore, ha bisogno di muoversi, di sfogare l'energia e la vitalità della sua razza altrimenti tende a fuggire. Proprio per questo deve essere ben addestrato per imparare a rispondere prontamente qualora venga richiamato.
Cura: periodiche spazzolature, specialmente durante la muta, periodo nel quale perde il sottopelo. Occorre accorciare periodicamente il pelo che cresce tra le dita. Se presenti, asportate gli speroni nei cuccioli. Ingrassa facilmente.

Spinone italiano

Testa: lunga e allungata, con stop dolce; muso di lunghezza pari a quella del cranio, con canna nasale leggermente montonina.
Occhi: grandi, tondeggianti e ben aperti.
Orecchie: di forma pressoché triangolare, strette all'attaccatura, rotonde sulla punta e portate basse.
Pelo: lungo e diritto, molto fitto, con barba, baffi e sopracciglia ispidi.
Colori: bianco, bianco con macchie arancio, bianco uniforme con spruzzate arancio, bianco con macchie marroni.
Tronco: torace ampio e profondo con groppa muscolosa e inclinata.
Arti: in appiombo, con ossatura robusta e ben proporzionata.
Coda: spessa alla base con attaccatura alla giusta altezza, portata orizzontale o bassa.
Altezza: 59-69 cm i maschi; 57,5-64 cm le femmine.
Peso: 32-37 kg i maschi; 62-71 kg le femmine.

Carattere: considerato un ottimo cane da riporto, è un compagno versatile per le battute di caccia su tutti i tipi di terreno. La sua indole dolce, pacifica e affettuosa lo rende anche un ottimo cane da compagnia. Intelligente, intuitivo e dotato di una eccezionale capacità di apprendimento, ha un temperamento accondiscendente e fedele, pronto a soddisfare il padrone in tutti i suoi desideri. Per la sua pazienza e la sua socievolezza è molto adatto per stare con la famiglia e con i bambini.
Movimento: si abitua anche alla vita in appartamento, ma è un cane che ha bisogno di ampi spazi e di molto esercizio fisico, quindi vive meglio in campagna. Ama molto l'acqua, perciò è opportuno di tanto in tanto permettergli di fare delle lunghe nuotate.
Cura: è sufficiente spazzolare il pelo con regolarità. Controllare periodicamente i padiglioni auricolari dopo ogni uscita in campagna.

Terranova

Testa: grande, con cranio ampio, zigomi ben sviluppati e muso corto.
Occhi: piccoli, un po' infossati e di colore scuro.
Orecchie: piccole e triangolari, arrotondate in punta.
Pelo: è grossolano, diritto e oleoso, con folto sottopelo.
Colori: marrone, grigio, nero o anche bianco e nero.
Tronco: torace ampio, dorso potente, con groppa leggermente inclinata.
Arti: resistenti e muscolosi.
Coda: grossa, coperta da abbondante pelo e lievemente ricurva.
Altezza: 66-71 cm.
Peso: 59-68 kg i maschi; 45,5-54,5 kg le femmine.
Carattere: sembra una razza costruita appositamente per l'acqua – ha un pelo fitto e impermeabile, i piedi sono larghi e leggermente palmati ed è un ottimo nuotatore – e questo, unitamente al carattere profondamente altruista, ne fa un eccezionale cane per i salvataggi in mare. Al pari del sanbernardo viene comunque utilizzato anche per le operazioni di soccorso in montagna. È estremamente dolce sia con gli esseri umani, bambini compresi, sia con gli altri animali domestici, ma all'occorrenza si dimostra anche un ottimo cane da guardia. È un cane intelligente, affettuoso, devoto. Ha un forte istinto altruista ed è molto equilibrato, ma sa diventare feroce se eccessivamente provocato.
Movimento: adora muoversi e ha "bisogno" di nuotare. Si adatta comunque bene alla vita domestica e all'occorrenza possono essergli sufficienti delle normali passeggiate.
Cura: il pelo, denso, doppio, oleoso e impermeabile richiede periodiche spazzolature. Il sottopelo tende a scomparire nei soggetti che vivono in appartamento. Esiste un tipo di tolettatura che rende i soggetti di questa razza più ordinati ed eleganti.

Volpino di Pomerania

Testa: simile a quella della volpe, con cranio largo e piatto, rispetto alla canna nasale.
Occhi: leggermente ovali, di colore scuro e di medie dimensioni; denotano attenzione e vivacità.
Orecchie: piccole ed erette, con attaccatura piuttosto alta.
Pelo: caratterizzato da una sontuosa pelliccia.
Colori: bianco nero, marrone, arancio unicolori.
Tronco: torace relativamente profondo, ma poco ampio.
Arti: perfettamente in appiombo e perfettamente paralleli tra loro sia i posteriori che gli anteriori.
Coda: ricca di pelo, curvata sopra al dorso e portata piatta.
Altezza: 28 cm.
Peso: 1,5-3 kg.
Carattere: razza nata selezionando progressivamente gli individui più piccoli delle cucciolate di spitz tedesco. Grazie al suo temperamento vivace e pieno di energia, sempre vigile e attento, è un ottimo cane da guardia; malgrado la piccola taglia, è infatti coraggioso e si dimostra subito pronto ad attaccare chiunque minacci il suo territorio e le persone che ama. È allegro e vivace e si attacca alla casa e ai componenti della famiglia, verso i quali si dimostra affettuoso e devoto. È un cane dal carattere marcato ed è caparbio; va quindi adeguatamente addestrato fin da cucciolo perché non diventi eccessivamente viziato e aggressivo.
Movimento: è vivace, ama muoversi e correre. Assicurargli un buon movimento quotidiano è quindi indispensabile al suo benessere psico-fisico (è tra l'altro goloso e tende a ingrassare).
Cura: il mantello, denso, lunghissimo e diritto va curato con quotidiani interventi di spazzola e pettine (attenzione però, il pelo è molto fragile). Il sottopelo va mantenuto ben folto, così che quello di copertura rimanga "sparato".

Weimaraner

Testa: importante, asciutta con stop poco marcato e muso lungo e forte.
Occhi: ben distanziati, rotondi e di colore chiaro, grigio-azzurro o ambra.
Orecchie: attaccate alte, lunghe e con punta arrotondata, leggermente girate in avanti e con pieghe.
Pelo: fitto, liscio e corto (più rari gli esemplari con il mantello lungo e ruvido).
Colori: variano da grigio argento a grigio topo scuro.
Tronco: torace forte, robusto e profondo, nei cani adulti raggiunge i gomiti.
Arti: forti, ben diritti e paralleli tra loro; le cosce sono larghe, forti e muscolose.
Coda: in posizione leggermente più bassa della linea della schiena, particolarmente grossa e forte, portata verso la verticale.
Altezza: 63,5-68,5 cm i maschi; 53-63,5 cm le femmine.
Peso: 32-39 kg.
Carattere: bracco di origine tedesca, battezzato con questo nome in onore della corte di Carlo Augusto duca di Weimar. Il suo mantello grigio, unito alla leggerezza del suo movimento, gli ha valso negli Stati Uniti il soprannome di "fantasma grigio". È un ottimo cane da caccia, sicuro nella ferma e con un fiuto eccezionale che gli permette di scovare ogni preda. Dimostra un attaccamento morboso verso il padrone e i suoi familiari, con i quali instaura un forte legame affettivo. Non ama essere lasciato solo a lungo e, se questo accade, reagisce tentando di attirare l'attenzione, spesso con comportamenti distruttivi o abbaiando eccessivamente. Molto equilibrato e docile, è particolarmente portato per l'addestramento e l'obbedienza.
Movimento: può essere tenuto sia in giardino che in casa, ma necessita di molto esercizio fisico, per questo è consigliabile fargli fare ogni giorno delle lunghe passeggiate all'aperto.
Cura: è una razza che non richiede cure particolari.

West highland white terrier

Testa: rotondeggiante, con stop molto pronunciato e abbondante pelo.
Occhi: marrone scuro, di dimensioni medie, distanti e a mandorla.
Orecchie: molto distanziate, piccole, portate rigide ed erette sulla testa e ricoperte da pelo corto e liscio.
Pelo: quello superficiale è ruvido e appena ondulato; il sottopelo è corto, molto denso e soffice.
Colori: il mantello è sempre di colore bianco puro.
Tronco: molto compatto con torace profondo fino ai gomiti, di ampiezza variabile e buona muscolatura.
Arti: in appiombo con una discreta ossatura, ben proporzionata.
Coda: corta, diritta, portata eretta e coperta di pelo duro.
Altezza: 25,5-28 cm.
Peso: 7-10 kg.
Carattere: è un perfetto cane da compagnia; nei confronti delle persone che ama si dimostra molto affettuoso, quasi struggente in alcuni casi. Il suo temperamento è vigile e cerca sempre di soddisfare il padrone, con il quale ama trascorrere più tempo possibile. Pur essendo piccolo, è molto vivace e coraggioso per natura e può capitare di vederlo lanciarsi in duelli contro animali di taglia decisamente maggiore, verso i quali non è molto ben disposto. Predisposto per natura al gioco, è un cane particolarmente indicato per chi ha in casa dei bambini.
Movimento: si adatta bene alla vita in appartamento, ma ama anche stare in spazi aperti quali terrazzi o piccoli giardini. È importante che compia una buona passeggiata ogni giorno.
Cura: il pelo non necessita di cure particolari, basta dedicare al proprio cane cinque minuti al giorno per averlo sempre in ordine: una bella spazzolata vigorosa con le setole rigide è tutto quello che basta. Ricorrete al bagno solo se necessario e di tanto in tanto pareggiate con le forbici il pelo intorno agli occhi e agli orecchi.

Yorkshire terrier

Testa: piccola e piatta, muso non troppo lungo e tartuto nero.
Occhi: scuri e scintillanti, con espressione vivace e intelligente.
Orecchie: piccole, a V e portate diritte; di colore fulvo intenso.
Pelo: moderatamente lungo e perfettamente diritto, lucente e setoso.
Colori: blu acciaio scuro da dietro la testa fino alla radice della coda e focato sul petto, sulla testa e sugli arti. I cuccioli nascono neri e soltanto con il tempo acquisiscono le caratteristiche focature.
Tronco: compatto con una linea dorsale ben diritta.
Arti: diritti, ben ricoperti di pelo fulvo dorato.
Coda: portata un po' sopra la linea del dorso.
Altezza: 23 cm.
Peso: 3 kg.
Carattere: è oggi una delle razze da compagnia più diffuse, che associa a una certa amichevolezza e affettuosità un carattere intrepido e coraggioso, che all'occorrenza lo rendono un buon cane da guardia (come è tipico dei cani di piccola taglia, niente e nessuno può infatti intimidirlo). Ama giocare e dilungarsi in lunghe dimostrazioni d'affetto, ma è anche testardo e permaloso. Molto sensibile, risente di ingiustizie e disattenzioni.
Movimento: è il cane ideale per chi vive in città e in appartamento e si accontenta di quotidiane passeggiate. Ama però stare all'aria aperta e non si spaventa in caso di escursioni e gite. Deve essere coperto durante le uscite invernali. È goloso e tende a ingrassare.
Cura: vale in linea di massima quanto detto per il maltese. Per mantenere il mantello sempre in ordine vengono richiesti quotidiani interventi di spazzola e pettine (attenzione però, il pelo è fragile), e frequenti tolettature. È abitudine accorciare la coda di metà della sua lunghezza. Controllare periodicamente lo stato di salute dei denti.

MENU
CH

FAQ sui cani

I cani sorridono?

Il sorriso dei cani è diverso da quello dell'uomo: un cane che abbia un'espressione serena e rilassata, con gli orecchi abbassati, gli occhi semichiusi, la bocca semiaperta e il muso un po' rivolto in alto, vuol dire che sta sorridendo (alla maniera canina).
Eppure molti cani sanno imitare il sorriso umano e spesso è possibile vederli assumere una smorfia ridicola: labbra tirate e denti scoperti a imitare il sorriso degli uomini, magari mettendosi a pancia all'aria in segno di sottomissione, dimostrando così di avere compreso assai bene il significato del "sorriso umano".
Ma com'è possibile che un cane arrivi a tanta furbesca adattabilità? La maggior parte degli animali, cane compreso, valuta di continuo gli altri esseri viventi, attraverso attente osservazioni, e si comporta di conseguenza. Non sarebbe altrimenti possibile addestrare un cane ad assumere gli atteggiamenti e i comportamenti più disparati.

Chi adotta chi?

Con ogni probabilità, è stato un cucciolo orfano a entrare per primo nella comunità umana. Ma non è dato sapere chi adottò chi. L'istinto all'adozione può essere considerata una dote "naturale" per i cani, almeno quanto lo è per gli esseri umani. Entrambe le specie sono spinte ad agire in questo senso in risposta a esigenze interiori di cui né uomini né cani sono pienamente consapevoli. A volte non conta tanto che specie viene adottata: tutti avranno sentito parlare di piccoli coniglietti, gattini, opossum ecc. allattati da una mamma cane.

L'istinto all'adozione può essere stato la molla che ha dato inizio al rapporto tra uomo e cane, e che tutt'oggi condiziona il nostro rapporto con gli amici a quattro zampe. Cosa ci insegna la leggenda di Romolo e Remo? Siamo stati noi ad adottare i cani o i cani ad adottare noi? È comunque grazie a questo istinto primigenio che la convivenza tra uomo e cane è stata possibile e prosegue nei secoli, rinnovandosi ogni volta che l'umido e irresistibile sguardo di un cucciolo ci conquista.

Come stabilire l'età di un cane?

Determinare l'età di un cane non è una scienza esatta. Solitamente per farlo si guarda la dentatura: se il cane presenta ancora i denti da cucciolo, ha di certo meno di sei mesi d'età, se invece il cane ha già tutti i denti da adulto, il veterinario può cercare di calcolarne l'età basandosi sull'usura della dentatura e sul tartaro accumulato. È anche utile osservare il comportamento del cane: i cani più giovani, infatti, hanno più energia e vitalità di quelli più anziani, che tendono a essere decisamente più calmi. In ogni caso, dopo il primo anno di vita è possibile soltanto determinare un'età indicativa del cane.

Qual è il fabbisogno energetico?

Usando una semplice equazione, si può stabilire (pur con una certa approssimazione), il fabbisogno energetico quotidiano di un cane adulto: $EM = 100 \times P^{0,88}$ dove EM = energia metabolizzabile; 100 = costante; P = peso in chilogrammi dell'animale; ^{0,88} = esponente.
Quindi, per esempio, se si ha un cane adulto di 10 kg di peso: $EM = 100 \times 10^{0,88} = 758,5$ kcal al giorno.
In un cucciolo subito dopo lo svezzamento il fabbisogno deve essere moltiplicato per 2; quando avrà raggiunto il 40% del suo peso corporeo adulto andrà moltiplicato per 1,6 e per 1,2 quando invece sarà all'80%.
L'età in cui i cuccioli raggiungono il peso del cane adulto varia a seconda della taglia. In genere, per i cani di taglia gigante ciò avviene intorno ai 10-15 mesi, mentre per quelli di taglia piccola intorno ai 6-8 mesi.

Anche gli Egizi amavano i cani?

Gli Egizi amavano riprodurre i loro cani e li raffiguravano alti e slanciati come i levrieri o lunghi e con gli arti corti come i bassotti (già allora vi erano diverse varietà di cani). Il cane egizio più celebre resta comunque Anubi, il dio dei morti, corpo di uomo e testa di cane (o di sciacallo, secondo alcuni).

In quella cultura leggi ferree proteggevano la vita e il benessere dei cani, al punto che chi ne uccideva uno veniva punito con la morte. Ai cani erano riservate la mummificazione e una degna sepoltura come per gli uomini (e i gatti), con cerimonie più o meno sfarzose a seconda della condizione sociale del padrone.

Perché rincorrono la coda?

A volte capita di vedere il proprio cane impegnato a rincorrersi la coda; questa attività, in genere, è spinta semplicemente dal desiderio e dalla voglia di giocare e divertirsi, anche se talvolta può nasconde un'altra natura.
È importante prestare bene attenzione poiché questo comportamento potrebbe anche essere indotto dalla necessità di rimediare alla solitudine, cercando di divertirsi con altri sistemi e cioè, ad esempio, utilizzando come compagna di gioco la propria coda.
Il cane, infatti, è un animale estremamente socievole, che mal sopporta la noia e la mancanza di compagnia e che ha bisogno di vivere in un ambiente molto stimolante. Quindi, se questo atteggiamento avviene saltuariamente non c'è da preoccuparsi, ma se si ripete spesso il cane può avere bisogno di alcuni mutamenti nella propria esistenza, poiché è possibile che l'ambiente in cui vive non gli consenta di esprimere il proprio istinto alla socialità.

Perché i cani abbaiano?

In natura i cani abbaiano quando vogliono trasmettere al resto del branco un segnale d'allarme, un richiamo d'allerta rivolto agli elementi più forti invitandoli a riunirsi per combattere e agli elementi più deboli, per cercare un riparo sicuro. Nel cane domestico lo scopo dell'abbaio non è molto diverso, se equipariamo il "branco umano" a quello canino.

Tuttavia, l'abbaiare dentro i confini di casa non sempre sta a significare un incombente pericolo, ma può anche precedere l'arrivo di un amico o di un famigliare nei confronti del quale il nostro cane si rivolgerà, di lì a poco, con grandi esternazioni di gioia e accoglienza. È da sfatare, quindi, l'idea che dietro l'abbaio vi siano sempre cattive intenzioni o possibili pericoli.

Esiste un cane che non abbaia?

Sembra impossibile, ma è così. Il basenji, originario dell'Africa centrale e fedele compagno di caccia dell'uomo per secoli, è un cane di taglia piccola, famoso per essere stato definito "il cane che non abbaia".
Questa razza, infatti, non abbaia mai, ma emette particolari suoni, molto originali e divertenti, quanto scarsi, simili a un gorgoglio o a un jodel tirolese; per lo più è molto silenzioso e riserva questo suo linguaggio a momenti speciali (quando è eccitato o è impegnato nel gioco).

Perché hanno paura dei botti?

I fuochi d'artificio per i cani, così come per molti altri animali, rappresentano un evento terrorizzante, molto intenso, a cui difficilmente riescono ad abituarsi poiché troppo sporadico. I cani che per carattere hanno paura dei rumori anche nei giorni normali, sono quelli che più faticano ad affrontare tali momenti, durante i quali cercano di nascondersi in posti molto angusti, rimanendo immobili, oppure tentano di scappare da recinti o da stanze.
Alcuni semplici accorgimenti possono però aiutare il vostro cane ad affrontare questi momenti in maniera più tranquilla. Tenetelo in un luogo per lui rassicurante, con le finestre chiuse in modo che i bagliori e i rumori siano di minore intensità e comportatevi in modo del tutto normale, senza cercare di rassicurarlo e di accarezzarlo se mostra paura (se il cane vede che il proprietario non si agita, di conseguenza si sentirà più tranquillo). Se si nasconde spontaneamente, lasciatelo tranquillo, senza cercare a tutti i costi di interagire con lui.

Come trasportarli in macchina?

Qualora dobbiate affrontare viaggi in macchina, se il cane è di taglia piccola o cucciolo collocatelo in un trasportino (se si tratta di un cucciolo andrà scelto di misura tale che vi possa servire anche durante la crescita). Se il cane è di taglia media o grande, munite la macchina di apposita rete o grata divisoria in modo che l'animale possa stare comodamente nello spazio del portabagagli senza poter accedere ai sedili dell'abitacolo (comportamento tra l'altro richiesto dal Codice della strada). È infatti importante che non possa girare per la macchina a suo piacimento: diverrebbe un pericolo per voi e per gli altri e, per lo stesso motivo, non lasciate mai il cane da solo sulla macchina con il motore acceso. Ci sono cani che sopportano benissimo la macchina, altri che si agitano un poco, alcuni non la sopportano affatto (nei casi più gravi fatevi consigliare dal veterinario delle pastiglie contro il mal d'auto): per precauzione, prima di affrontare un viaggio, lasciate il cane a digiuno per due-tre ore prima della partenza e prima di farlo salire fatelo passeggiare.

Perché rosicchiano i mobili?

Molte possono essere le ragioni per cui un cucciolo rosicchia e danneggia i mobili, ma la più comune è sicuramente perché vuole attirare la vostra attenzione. Quando un cane è solo e aspetta ansiosamente il vostro ritorno a casa, in preda all'angoscia può sporcare e distruggere un gran numero di arredi. In questo caso non vi servirà a niente sgridarlo, tentando di fargli capire che ha combinato un guaio, poiché il vostro cane non sarà in grado di mettere eventuali punizioni in relazione all'evento che le ha provocate; capirà, invece, che per merito delle sue azioni il padrone è tornato e gli concede tutte le attenzioni che si aspettava e desiderava.

Perché alzano la zampa?

Per il cane l'atto di alzare la zampa anteriore ha un significato molto particolare: questa postura rientra, infatti, nei segnali di pacificazione (*calming signals*), che hanno principalmente la funzione di indicare le intenzioni pacifiche di chi li emette.
Ci sono alcune situazioni precise in cui i cani sono soliti assumere questa postura: i cuccioli, ad esempio, lo fanno per chiedere conforto o protezione, mentre i cani adulti per calmare o comunicare le proprie pacifiche intenzioni a un altro cane. Il gesto rappresenta quindi un atto di sottomissione, o comunque non di dominanza, e viene adottato come postura amichevole con lo scopo di rassicurare il contendente sulle proprie intenzioni.

Che cos'è l'agility dog?

È una pratica sportiva inventata in Inghilterra circa 20 anni fa, che unisce l'uomo e il cane in percorsi d'agilità spettacolare (salti in lungo e in alto, superamento della passerella e della tavola basculante, slalom, tunnel rigido e morbido ecc.) e in gare d'obbedienza. Il cane, sia di razza che meticcio, viene guidato dal proprio istruttore attraverso vari percorsi.

Ovviamente più il cane sarà obbediente e veloce, tanto maggiori saranno le possibilità di vittoria, poiché il trionfo finale dipende dal miglior tempo e dal numero minore di penalità, proprio come avviene nelle gare a ostacoli per cavalli. Per intraprendere questa pratica sportiva è quindi fondamentale la buona educazione del cane, il quale deve aver instaurato un ottimo rapporto di fiducia e comprensione con il suo padrone-conduttore.

È uno sport che permette di tenere in forma il proprio cane e di divertirsi in compagnia di altre persone con la stessa passione per gli animali.

Perché mordono le pantofole?

Le pantofole e i guanti, ma anche i giornali e la posta sono oggetti che i cani amano mordere e lacerare; è, infatti, frequente vedere cuccioli che si accaniscono contro di essi sbattendoli da una parte all'altra.
Le ragioni che spiegano questo comportamento sono essenzialmente due: può trattarsi di una manifestazione di divertimento, un gioco in cui il cane si getta a capofitto, avvertendo con forza la necessità di esplorare ogni aspetto del mondo in cui vive, oppure, nel caso di un cucciolo, può essere un atteggiamento dovuto alla necessità di rinforzare la dentatura. In entrambe i casi, può essere utile, per cercare di ridurre tale comportamento, procurare al vostro cane giocattoli adatti alla masticazione con i quali potrà giocare liberamente.

Devo assicurare il mio cane?

L'assicurazione è obbligatoria per alcune razze di cani definite "aggressive" ed elencate nell'Ordinanza del Ministero della Salute del 9 settembre 2003, in cui si legge che: "Chiunque possegga o detenga cani di cui all'art. 1 è tenuto a stipulare una polizza di assicurazione di responsabilità civile per danni contro terzi, definita secondo i massimali e i periodi di durata stabiliti dal ministero delle attività produttive".

Nel caso, invece, che il vostro cane non rientri nell'elenco, potete comunque decidere di stipulare un'assicurazione per tutelarvi da eventuali imprevisti dei quali si rende colpevole, causati generalmente non tanto dalla sua volontà quanto dalla sua esuberanza, dalla sua voglia di scoprire il mondo e dalla sua ingenuità.

Che cos'è l'anagrafe canina?

È una vera e propria anagrafe che pone l'obbligo per tutti i cittadini italiani di dichiarare, e quindi registrare, il possesso di un cane. La registrazione deve essere fatta nel comune di residenza e raccoglie i dati dei cani e dei loro proprietari con lo scopo di proteggere i cani, individuando per ciascuno di essi un proprietario che ne abbia cura con precise responsabilità, di tutelare i proprietari dei cani dalla perdita del proprio animale e di tutelare il territorio dai problemi del randagismo.
L'iscrizione deve avvenire entro il termine di tre mesi dalla nascita o dall'acquisizione, e lo smarrimento o la morte dell'animale devono essere denunciati allo stesso ufficio entro quindici giorni dall'evento.

Tatuaggio o microchip?

Fino al 5 novembre 2004 il metodo ufficiale per identificare un cane è stato quello di assegnargli un codice in lettere e cifre tatuato nell'orecchio o all'interno della coscia destra. Da questa data in poi, si è passati a un nuovo sistema di identificazione elettronica, il microchip, inoculato sottocute all'animale e assolutamente indolore.
La nuova legge è però stata applicata solo gradualmente e solo in alcune regioni italiane, altre stanno gradualmente provvedendo a renderla effettiva; di fatto significa che in alcune regioni si continua ancora a tatuare i cani invece di passare alla nuova procedura informatizzata di identificazione.

Perché amano dormire nel letto?

Il desiderio del cane di dormire accoccolato sul letto ha origine dalla sua natura di animale sociale, pronto a condividere ogni attività con il suo capobranco, cioè con il suo padrone. Dietro questo atteggiamento c'è soprattutto una grande manifestazione d'amore da parte del cane, che spesso per alcuni comportamenti resta un cucciolo e considera una specie di "madre adottiva" la persona che lo accoglie e lo cura.

Permettere al cane di dormire sul letto è purtroppo abbastanza complicato, perciò il modo migliore per non farlo sentire solo durante la notte è quello di consentirgli di restare in una stanza vicino alla vostra, lasciando, se possibile la porta aperta, in modo che possa vedervi e addormentarsi tranquillo.

Cosa fare se saltano addosso?

Il gesto del cane di saltare addosso, è una manifestazione sociale paragonabile alla nostra pacca sulle spalle in segno di saluto. È un comportamento che solitamente rivela un carattere dominate, e ha lo scopo o di sottomettere il soggetto preso di mira, oppure di attirare la sua attenzione. In genere alcuni proprietari permettono al loro cucciolo di saltare addosso, senza rendersi conto che, una volta diventato adulto, questo gesto di affetto potrebbe diventare una cattiva abitudine molto fastidiosa.
La strategia per far estinguere questo comportamento è non dare al cane nessun tipo di attenzione, tenere le braccia conserte per evitare movimenti delle mani che potrebbero eccitarlo. Accanto a questo "non premio" per il comportamento sgradito bisogna però anche trovare il modo di dire al cane che cosa vogliamo da lui e quindi dovremo premiarlo se non salta addosso o, meglio ancora, se si siede per avere le carezze.

I cani vedono in bianco e nero?

Anche se la percezione del colore per i carnivori è meno importante che per gli altri animali, contrariamente a quanto si credeva fino a qualche tempo fa, il cane non vede solamente in bianco e nero, ma distingue una porzione dello spettro visibile, vale a dire alcuni colori. I loro fotorecettori, cioè le cellule che riconoscono i colori stessi, sono sensibili esclusivamente alle tinte blu e a quelle giallo-rosse, non distinguendo, al contrario, tutte quelle che tendono al giallo-verde. Grazie però al *tapetum lucidum*, struttura che si trova dietro la retina e in grado di riflettere la luce, possono vedere meglio dell'uomo al buio.

I cani hanno un sesto senso?

La maggior parte dei possessori di animali giurano sul fatto che il loro cane manifesti un comportamento non spiegabile secondo i canoni tradizionali, e che quindi sia dotato di un sesto senso. È vero, ma la sensitività dei cani non ha niente di sovrannaturale e sembra si possa spiegare per mezzo di semplici meccanismi biologici, anche se alcuni di essi si cominciano a capire soltanto da pochi anni. Alcuni studiosi, infatti, pensano che un cane riesca a ritrovare la via di casa anche da grandi distanze, percorrendo territori a lui sconosciuti, grazie alla percezione dei cambiamenti che si verificano nel campo magnetico terrestre, e che la sua capacità di «predire» l'arrivo di un terremoto o di un temporale, sia una risposta ai cambiamenti della pressione barometrica, o forse anche alle alterazioni che si verificano nel livello di elettricità statica.

Perché si rotolano a terra?

I cani, come tutti gli altri mammiferi a quattro zampe, si rotolano a terra per massaggiare quelle parti che i denti e le zampe non riescono a raggiungere.
Alcuni amano fare i bagni di sabbia, rotolando sul terreno sabbioso e arido, mentre altri ancora preferiscono avvolgersi su se stessi subito dopo la pioggia, o quando la rugiada ricopre ancora il terreno. Entrambi i metodi contribuiscono a tenere pelo e cute sani e sorprendentemente puliti.
Rotolarsi per pulire la pelle è comunque diverso che farlo per distribuire sulla stessa il profumo canino; si tratta, in questo caso, di un comportamento ereditato dal lupo, che lo utilizzava per mascherare il proprio odore e migliorare le prospettive di caccia.

Che effetto hanno sui bambini?

Il rapporto fra un bambino e un cane può essere estremamente appagante. Molti studi hanno accertato che i bambini che possiedono un animale domestico hanno maggiore fiducia in se stessi, capacità di relazione e sono molto più aperti caratterialmente nel rapportarsi con altri bambini. Imparano a socializzare e, soprattutto, a rispettare e prestare attenzione verso i loro amici. Per loro il cane diverrà presto un privilegiato e inseparabile compagno di giochi, ma i genitori devono consigliare e seguire i bambini in modo che si approccino all'animale con rispetto e amore, stimolando in questa maniera una corretta ed equilibrata crescita dei processi relazionali. Controllate inoltre che il vostro animale sia sempre pulito e sano e addestratelo correttamente.

Perché leccano il padrone?

Molti proprietari di cani non sopportano di essere leccati dai propri animali e preferiscono addestrarli a non avere tali comportamenti. È importante però ricordarsi che così facendo reprimeremo uno dei fondamentali istinti comportamentali del cane; in poche parole, sarebbe come se qualcuno ci impedisse di abbracciare e baciare i nostri cari. All'interno di un branco di lupi, infatti, gli animali sottomessi si avvicinano spesso a quelli dominanti per compiere un rituale di entusiastici saluti e gesti di pacificazione: toccano il naso del dominante e gli leccano il muso, un po' come i cuccioli fanno al ritorno della madre dalla caccia per indurla a rigurgitare il cibo per nutrirli.
Questo retaggio è molto presente nell'atteggiamento che il cane domestico adotta nei confronti dell'uomo, che considera alla stregua di un capobranco o di una mamma, per comunicargli affetto e dipendenza e per dimostrargli di riconoscere la sua supremazia.

I cani fanno bene alla salute?

I cani sono animali molto socievoli, capaci di dare all'uomo un amore incondizionato e di infondere in lui calma e sicurezza, aiutandolo spesso anche a sconfiggere ansia e solitudine. Questo è dovuto alla loro straordinaria capacità di comunicare, anche se in modo diverso dal nostro, e di stimolare la socializzazione. Studi recenti, infatti, hanno scoperto che chi possiede un cane tende a soffrire di minori problemi fisici rispetto a chi non lo possiede, suggerendo, quindi, che i cani hanno su di noi un effetto biologico estremamente positivo.

Cani e gatti possono convivere?

Da sempre si considera il gatto come l'acerrimo rivale del cane, anzi, si pensa addirittura che siano nemici mortali al punto da diventare proverbiali; ma cani e gatti non solo possono vivere insieme, ma possono anche diventare amici. Perché ciò avvenga è necessaria prima di tutto una certa attenzione da parte vostra.

Il modo migliore per iniziare una convivenza tra cane e gatto è abituarli alla rispettiva presenza quando sono ancora cuccioli: da piccoli, infatti, hanno in comune l'enorme voglia di giocare, rincorrersi, farsi le coccole e affrontare il mondo, curiosando in giro per la casa e il giardino.

Nel caso in cui cane e gatto si incontrino da adulti, occorre lasciarli liberi di studiarsi, di smussare le reciproche differenze caratteriali, di dividersi il territorio, per poi avvicinarsi con cautela: i primi approcci, inizialmente un po' tesi e poco amichevoli, con il tempo si normalizzeranno. In questo modo, potremmo aiutarli ad accettare la convivenza con chi è così distante dal loro naturale modo di essere.

Elenco delle opere d'arte riprodotte:

Diego Velásquez, *Il principe Baldassarre Carlo, cacciatore*, 1635-36, Madrid, Prado, p. 191 (part.);
Diego Velásquez, *Infante Felipe Próspero* (part.), 1659, Vienna, Kunsthistorisches Museum, pp. 65, 194;
Diego Velásquez, *La tunica di Giuseppe*, 1630, Madrid, Monastero di San Lorenzo de El Escorial, p. 149 (part).
Eduard Manet, *Musica alle Tuileries*, 1862, London, National Gallery, p. 109 (part.);
Georges Seurat, *Domenica pomeriggio sull'isola della Grande Jatte*, 1884-1886, Chicago, The Art Intitute, p. 209 (part.);
Georges Seurat, *Il bagno ad Asnières*, 1884, London, Tate Gallery, p. 125 (part.);
Gustave Adolphe Grau, *In famiglia*, 1906, Tourcoing, Musée des Beaux-Art, pp. 47, 136 (part.);
Johann Zoffany, *La biblioteca di Charles Towneley in Park Street a Londra*, 1783 ca., Burnley, Towneley Hall Art Gallery and Museums, p. 347 (part.);
Pierre Auguste Renoir, *La colazione dei canottieri* (part.), 1880-81, Washington, Phillips collection, pp. 15, 76;
Pierre Auguste Renoir, *La locanda della mére Anthony*, 1866, Stoccolma, National Meseum, p. 173 (part.);
Pierre Auguste Renoir, *M.me Charpentier e le figlie*, 1878, New York, Metropolitan Museum, p. 89 (part.).